GW01607149

Dejar de amargarse

PARA IMPERFECTAS

Dejar de amargarse

PARA IMPERFECTAS

RAQUEL CÓRCOLES
& LUCÍA TABOADA

ZENITH/PLANETA

Primera edición: octubre de 2014
Tercera impresión: enero de 2015

AVDA. DIAGONAL, 662-664, 08034 BARCELONA (ESPAÑA)
WWW.ZENITHEDITORIAL.COM
WWW.PLANETADELIBROS.COM

ISBN: 978-84-08-13185-4
DEPÓSITO LEGAL: B-16.449-2014
FOTOCOMPOSICIÓN: VÍCTOR IGUAL, S.L.
IMPRESIÓN Y ENCUADERNACIÓN: LIBERDÚPLEX, S.L.

El papel utilizado para la impresión de este libro es cien por cien libre de cloro y está calificado como papel ecológico.

IMPRESO EN ESPAÑA - *PRINTED IN SPAIN*

1 Introducción

Son amables. Son inteligentes. Son guapas. Tienen tipazo. Tienen dinero. Tienen un trabajo digno pero, además, les da tiempo para hacer deporte con frecuencia (y te lo cuentan) y a tener sus pisos impolutos. Siempre van impecablemente vestidas y peinadas: ni una miserable arruga, ni un grumo de maquillaje, ni el tirante del sujetador asomando, ni una carrera en sus medias...

Sus fotos de perfil en redes sociales parecen sacadas de un catálogo de Don Algodón o de un álbum de esas familias aterradoramente felices con dientes nacarados cuyas fotos vienen por defecto cuando compras un marco. Parece que sus días tienen 72 horas. Sospechas que en realidad poseen el superpoder de desdoblarse y por eso lo hacen todo bien y a tiempo. Son las...

PLUSCUAMPERFECTAS.

Aparentemente puede parecer que esa deidad grecorromana de tu trabajo sea perfecta, pero casi seguro que tendrá el mismo volumen de dudas, anhelos, agobios e imperfecciones que tú. Vivimos en un mundo hipócrita en el que los problemas se ocultan con una sonrisa, buena cara, y (cientos de) decenas de filtros de Instagram.

Más allá de la apariencia, nos agobiamos por pequeños detalles, preocupaciones nimias que provocan nuestro autoboicot y nuestra declaración unilateral de guerra.

Si llegas tarde (otra vez), si has vuelto a perder el paraguas, si has vuelto a meter la pata con tu incontrolable diarrea verbal, si has vuelto a salir de casa con un 30 % (y bajando) de batería y no llevas el cargador encima, si no te entran los pantalones que te compraste hace un año, si tu madre te ha vuelto a preguntar qué piensas hacer con tu vida, si de nuevo él se ha vuelto a dejar la pasta de dientes abierta.

Nos agobiamos y agobiamos a los que nos rodean. Dejamos que el caudal de progesterona que nos invade fluya con libertad, sin diques.

Nos dejamos llevar por pensamientos como "Qué mal repartido está el mundo", "Si es que todo me sale mal" o "La mala suerte me persigue".

NO HAY NADA QUE NOS MOLESTE MÁS QUE QUE NOS LLAMEN AMARGADAS.

Ese adjetivo es como una puñalada en pleno corazón. Solamente lo puede superar otra frase: "Naciste amargada". Produce la misma y catastrófica reacción que un "Cálmate" o "No te pongas histérica" durante una discusión:

No te pongas histérica.

¡¿QUE NO ME PONGA HISTÉRICA?!, ¡HISTÉRICA ME PONES TÚ!

Si te llaman amargada te amargas más. Se te pueden olvidar muchos detalles o conversaciones, pero nunca esa persona y esa conversación en la que pronunció la susodicha palabra. Amargada. Pero párate a pensar: ¿de verdad merece la pena pasarte toda la vida agobiada?, ¿vas a permitir que tu trabajo te condene a una existencia lastimosa?, ¿vas a permitir que esa señora que se te ha colado en el supermercado te ponga de mal humor a media mañana?

No formas parte de ninguna tragedia griega aunque con esa tendencia tuya a recrearte en el dolor parece que te gustaría. No eres la desdichada Fedra, raptada por Teseo y enamorada de su hijastro. No eres María Luisa Fernanda, la protagonista de una telenovela venezolana, que se enamora perdidamente del noble Fernando José de Todos los Santos del Castillo, quién (CHAN CHAN) resulta que es su padre biológico.

En este libro te enseñaremos a sacudirte el drama de encima, como si de una avispa se tratara. Lo haremos poniendo el foco en todos esos problemas que nos amargan o agobian, enseñándote pensamientos y actitudes para dejar de ver las cosas de un solo color y curar toda esa hipermetropía sentimental. Ser o no ser más feliz empieza en ti misma.

2 ¿Qué nos pasa a las mujeres?

NO ES NADA FÁCIL SER MUJER EN EL MUNDO ACTUAL.

Tenemos mil razones para agobiarnos hasta la extenuación porque tenemos mil frentes abiertos. Luchamos por mantener un estatus de igualdad que se presupone que hemos adquirido, cuando en realidad no existe como tal. Vivimos rodeadas de injusticias laborales, de presiones familiares, de melodramas sentimentales... el futuro es incierto, y, encima, si queremos triunfar debemos tener un físico envidiable y un armario del tamaño del palacio de Versalles. Y tenemos que enfrentarnos a todo ello desde nuestra **inseguridad y autocrítica, dos rasgos que describen a casi todo el género femenino.**

Según la neuropsiquiatra estadounidense Louann Brizendine el córtex anterior del cerebro femenino es una de las razones de ello. En las mujeres es más grande que en los hombres, igual que también lo es la zona donde se procesa la empatía. Si, como dicen, existe el punto G, también debe de existir el punto R, y sería esa zona del cerebro.

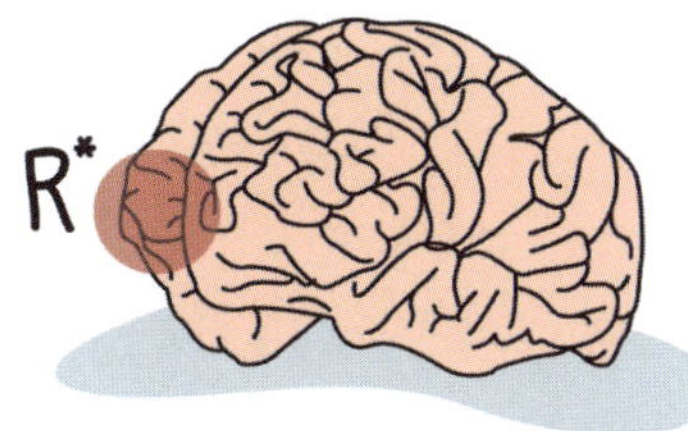

* El punto de RAYARNOS COMO POSESAS.

Las mujeres somos más sensibles emocionalmente. Como es obvio influye el cóctel molotov que fabrica nuestro ciclo menstrual. El 90 % de las mujeres sentimos un aumento de sensibilidad emocional dos o tres días antes de que nos venga la regla. Cualquier tragedia de Hamlet se convierte en una comedia ligera comparada con el primer día de la regla de una mujer. Nos duele, nos tortura, nos hincha, nos provoca cambios de humor, nos debilita, nos baja las defensas, nos hace dejarnos medio sueldo en tampones... y todo ello mes tras mes.

Hay muchas cosas que nos amargan sutil o descomunalmente nuestra existencia, como, por ejemplo:

No tengo ni un solo don que me haga sobresalir por encima de los demás. Bueno, soy capaz de tocarme la nariz con la lengua pero no creo que eso se considere talento. Soy una chica (más) del montón.

No tengo un puto duro.

Estoy gorda, ergo estoy fea, ergo no me siento bien conmigo misma.

Me duele un poco el brazo izquierdo, eso es que me va a dar un infarto o quién sabe si algo peor.

No tengo sexo desde hace semanas o el que tengo es bastante insatisfactorio.

Todos mis amigos tienen parejas y trabajos mejores.

He tropezado tantas veces con la misma piedra que la voy a patentar en el Instituto Geológico.

Tengo miedo al fracaso.

¡BRUUUM!

No creo que me valore ni un 20 % de mis compañeros de trabajo.

Voy a envejecer sola y mis vecinos me denunciarán a la Consejería de Sanidad por malvivir con treinta gatos obesos.

Voy a morir joven y ni siquiera dejaré un bonito cadáver porque llevo tres semanas sin ir al gimnasio. Bueno, cuatro.

No quiero vivir toda mi vida en esta ciudad,
ni seguir compartiendo pared con estos
vecinos que llevan en obras
desde la Edad del Hierro, ni seguir viviendo
en este piso asfixiante con paredes de gotelé,
ni en este baño cuya cisterna se estropea
cada dos días y cuya ventana da a un patio
interior con palomas y olor permanente a sofrito.

CON SEMEJANTES PENSAMIENTOS, ¿QUIÉN NECESITA ENEMIGOS?

Es el momento de empezar a analizar tus pensamientos, tu discurso interno, qué te dices a ti misma, así como de intentar recordar quién o quiénes te han dicho ese adjetivo o esa frase que tanto te tortura y te persigue desde hace tiempo.

Si resulta que fue alguien de tu pasado, como un familiar, una expareja o una profesora, míralo desde esta perspectiva: esa persona quizá te lo dijo sin pensar, o porque tenía un mal día, o incluso te lo dijo en tono jocoso, y tú lo malinterpretaste. En cualquier caso, no era cierto. Seguramente no lo hizo con mala intención, sino que nunca se paró a pensar en las consecuencias que sus palabras podían tener en ti.

Ahora ya no vale la pena echarle la culpa a los demás. Así que olvídate de esos comentarios nocivos, y ponte manos a la obra para eliminar el eco de sus palabras de tu mente. Esos pensamientos ya no te sirven. Vienen con ticket regalo y es hora de cambiarlos por unos nuevos.

La mayoría de las interpretaciones que hacemos de lo que nos ocurre en la vida pueden clasificarse como "distorsiones cognitivas". Si descubrimos de qué manera nos estamos engañando a nosotras mismas, podremos fácilmente empezar a ver las cosas de otro color:

LA EXPRESIÓN "NO PUEDO"

A menos que estés hablando de teletransporte, telequinesis, inmortalidad, convertirte en Spiderman o poner en práctica algún superpoder que la ciencia tacha, a priori, de imposible, siempre puedes. Pero necesitas cualidades como el esfuerzo y el tesón. La pereza no es una de ellas.

GRISFOBIA

Miedo a los grises o, lo que es lo mismo, tendencia a ser completamente extremista: "Nunca me escuchas", "Siempre termino limpiando yo el baño" (ojo, esto puede que sea cierto), "Nunca voy a encontrar a alguien que me quiera", "Siempre tengo que solucionarlo yo todo"... Pasamos del todo a la nada como en la política se pasa del esperanzador programa electoral a la cruda realidad.

GENERALIZAR

"Todos los hombres son iguales", "Toda mi vida voy a estar haciendo este trabajo que aborrezco", "No me gusta la verdura". Hay cientos de hombres, trabajos y verduras que pueden llegar a interesarte si no los descartas de antemano.

EL FILTRO NEGATIVO

Es como un filtro de Instagram, pero mental. Cuando nos pasa algo positivo solemos buscarle lo malo. "Me han contratado, pero, con los tiempos que corren, lo mismo el trabajo me dura dos semanas, así que por si acaso se atisba algo de felicidad en mi persona voy a seguir pertinentemente amargada."

CONCLUSIONES INVENTADAS

Nuestro cerebro alberga más ficción que las factorías Disney y Pixar juntas.

RAZONAMIENTO EMOCIONAL

Le damos validez a nuestros sentimientos como si de hechos reales y objetivos se tratara. Y como sentimientos son, por pura lógica y definición, tremendamente subjetivos. Es de primero de Barrio Sésamo.

MEACULPISMO

Personalizamos los problemas y asumimos culpas que no nos corresponden. Si nos dejan por otra nos echamos la culpa y buscamos los motivos en nuestras acciones. Vamos, lo que faltaba.

LA TENGOQUENDITIS

La tendencia a pensar que "tienes que" hacer de todo para ser feliz. Tengo que estudiar, tengo que trabajar, tengo que ir al gimnasio, tengo que aprender arameo, tengo que tirarme en paracaídas, tengo que ser madre, tengo que reinventar el bosón de Higgs y tengo que hacerlo todo antes del verano.

Como te hemos adelantado en la introducción, en este libro te presentaremos estos pensamientos uno por uno, los analizaremos y los aplastaremos con un camión de alto tonelaje. Y por último te vamos a presentar un plan basado en la psicología cognitiva para que empieces a pensar de manera más positiva. Porque la vida son dos días y no los vas a pasar

HABLANDO CON TU ALMOHADA.

3 Presentación de los personajes que nos acompañarán

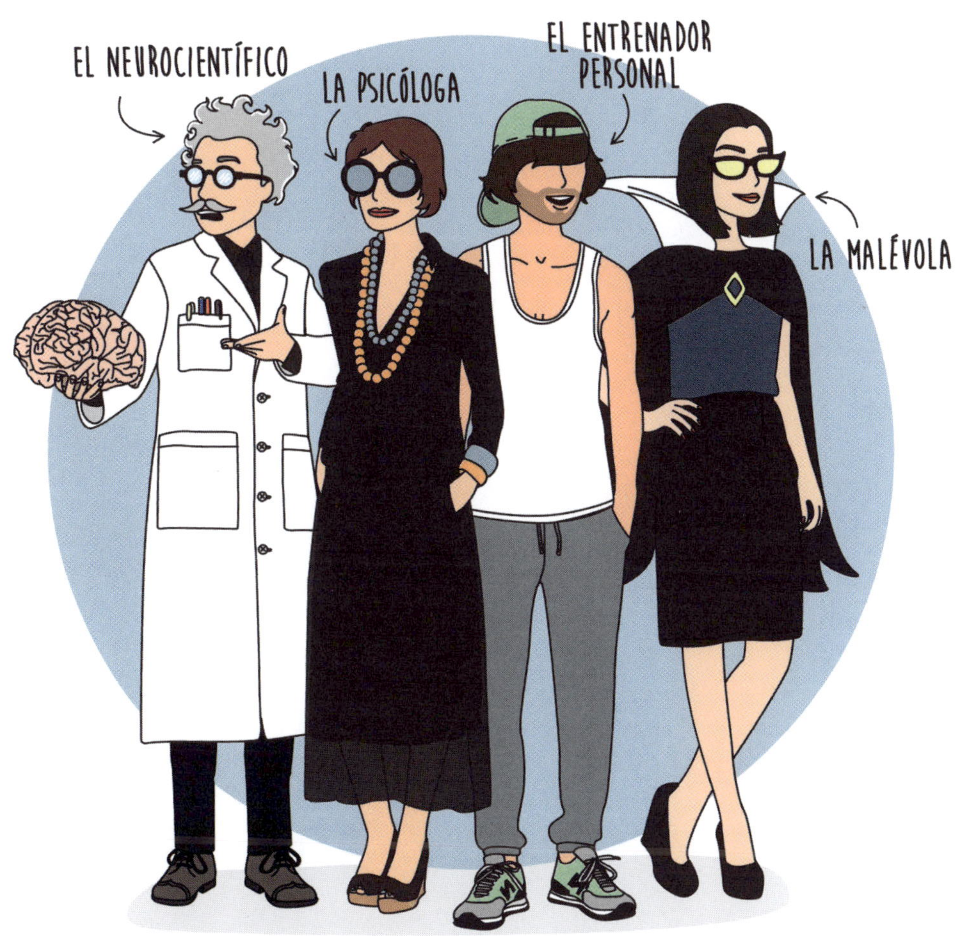

LA IMPERFECTA

La imperfecta somos todas. La imperfecta quiere dejar de agobiarse, estresarse y ver negro lo que es blanco, pero a veces no puede. Y eso le genera más frustración. Porque a mayor estrés, mayor es su vorágine de pensamientos negativos. Deja que su antagonista interior gane la batalla más veces de las que debería y deja que esta le susurre al oído el poco talento que tiene, lo mal que se le da hablar en público, que le sobran los dos kilitos que ha ganado últimamente o su incapacidad congénita para tener una relación o un trabajo decente.

Es, como casi todas las mujeres, hiperactiva. No tiene horas suficientes en el día para hacer todo lo que quiere hacer, o lo que cree que "debe" hacer. Cuando está en un sitio piensa que debería estar en otro, y viceversa. Cuando está haciendo algo piensa que debería estar haciendo otra cosa, y viceversa.

A nuestra imperfecta le gustaría ser más optimista y ser feliz. Como a todos. Y sabe que puede conseguirlo porque en muchos momentos de su vida lo ha sido.

EL ENTRENADOR PERSONAL

El programa que presenta este libro incluye también una serie de prácticas y ejercicios físicos que te ayudarán a ponerte en forma y a mejorar tu estado de ánimo de la mano de nuestro entrenador personal.

Porque abres cualquier revista femenina y en la entrevista a una modelo leerás esta o una respuesta parecida: "La verdad es que como de todo y tampoco hago mucho ejercicio. Tengo suerte de no engordar". "Sí ya... ¡Maldita seas! –piensas–. ¿Por qué yo, haciendo el doble de ejercicio que hace años y enlazando facturas de gimnasio cual caramelos del Candy Crush engordo ahora más?" La respuesta está en esa palabreja odiosa llamada "metabolismo". El metabolismo cambia con la edad.

Y así, de pronto, tú, que jamás lo necesitaste, te ves pronunciando durante meses las cuatro palabras mágicas: "Hoy empiezo la dieta", cocinando al vapor como si no hubiese un mañana y comprando desaforadamente alimentos des-: desnatados, descremados, desalmados a fin de cuentas. Y asistiendo a clases de múltiples disciplinas que coinciden en sus denominaciones anglosajonas –body bump, body fit, body combat...– y en que te sirven para acallar tu conciencia y para cumplir con tu cupo de agujetas semanales.

Porque los estudios demuestran que más allá del físico hacer deporte mejora sobre todo nuestra salud mental. Entre otras virtudes:

1. Conoces gente. Hacer deporte en grupo, además de motivarte, puede ayudarte a socializar y, quién sabe, tal vez a encontrar al chico de tu vida.

2. Reduce el estrés. Es una vía óptima para canalizar los nervios y la ansiedad.

3. Te hace sentir bien. El cerebro libera durante el ejercicio sustancias químicas que refuerzan tu confianza y autoestima.

4. Previene la vejez mejorando la actividad cerebral y agudizando la memoria (lo contrario de lo que provocan muchas tertulias de la televisión).

5. Ayuda a controlar las adicciones. La dopamina, sustancia química que también aparece cuando tomas drogas y alcohol, se libera durante el ejercicio y, así, se reduce la necesidad de tomar ese otro tipo de sustancias.

6. Nos ayuda a ser creativos. Quién sabe cuántos inventos se habrán descubierto mientras uno hace ejercicio y mantiene la mente ocupada.

EL NEUROCIENTÍFICO

El neurocientífico nos ayudará a conocer nuestro cerebro, que tiene más engranajes que la más sofisticada de las máquinas y que, para muchos hombres, constituye uno de los grandes enigmas del universo.

Nos ayudará a saber que, por ejemplo, en el vientre materno, todo cerebro, hasta las ocho semanas, es femenino. En ese momento, los niños reciben una descarga de testosterona que "bloquea" el centro de comunicación cerebral. Así se explican muchas cosas. Desde entonces, el cerebro femenino y el masculino y sus respectivos pensamientos van cada uno por su lado.

El cerebro de una adolescente, además de albergar cientos de "Jo, tía" y otros tantos "No te rayes" está lleno de palabras. Concretamente, en él hay entre dos y tres veces más que en el cerebro de los chicos, según el libro *El cerebro femenino* de la Dra. Louann Brizendine. También está lleno de hormonas que potencian el deseo de sentirse deseable y atractiva.

El cerebro (y las hormonas) prosiguen su evolución; así, se encoge durante el embarazo y se desconecta de lo "maternal" con la llegada de la menopausia. De hecho, en la mayoría de los divorcios de mujeres mayores de cincuenta años son ellas las que toman la decisión de separarse. La Dra. Brizendine cree que esto se debe a la "química cerebral de la posmenopausia".

Gracias al neurocientífico conocerás cómo muchas conductas o emociones están relacionadas con tu cerebro.

LA PSICÓLOGA

En la sociedad en la que vivimos decir que vas al psicólogo o que haces psicoterapia sigue produciendo rechazo, prejuicios sociales y vergüenza. Mucha gente cree que es lo mismo que admitir que estás loca o desequilibrada, pero nada más lejos de la realidad.

Una psicóloga nos enseña a reforzar nuestra confianza y autoestima, potenciar nuestras capacidades, aprender a relacionarnos positivamente con los demás... Nos ayuda a pensar y a sentir, a hablar, a que se cierren y cicatricen las heridas, a superar pérdidas.

Vivimos en una sociedad en la que nos venden felicidad a todas horas, a bombo y platillo, con luces de neón y fuegos artificiales:

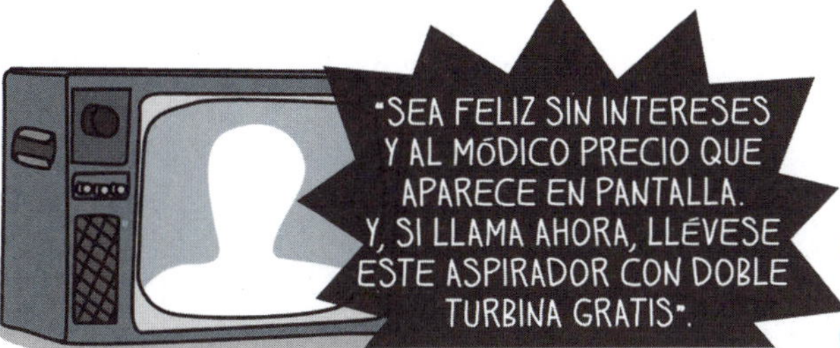

Pero paradójicamente cada vez somos menos felices, cada día aumentan más los casos de ansiedad o depresión. ¿Por qué? Porque cada día la necesidad de ser felices es mayor. No tiene sentido creer en la ilusión de que existe un sentimiento de felicidad constante, continuo... pero aunque ese sentimiento no sea permanente, existe y se puede buscar.

Según la **psicología moderna** la felicidad no es un "don divino" que nos cae del cielo porque somos buenos, o nos portamos bien, porque nos hicimos miembros de una ONG o porque cedemos nuestro sitio en el metro, sino más bien un estado que se puede alcanzar a través de entrenamiento y voluntad. Citando a Viktor Frankl, padre de la logoterapia, "cuando no podemos cambiar las circunstancias, podemos cambiar nuestra manera de enfrentarnos a ellas".

Con nuestra psicóloga te enseñaremos pautas y te daremos recomendaciones para buscar la felicidad dentro de ti, aunque de vez en cuando esté más escondida que el carro de Manolo Escobar.

LA MALÉVOLA

Es nuestra saboteadora interior. La jueza implacable que nos dice lo malas que somos, lo mal que nos lo montamos o el ridículo que estamos haciendo. El poder del pensamiento negativo no tiene fronteras, el potencial de la desdicha humana es ilimitable y ella lo sabe. Esa pequeña bruja es consciente de ello. Su lema vital es: "¿Por qué ser feliz cuando está en tu mano estar amargada?".

Todos tendemos a pensar que no podemos cambiar los pensamientos o que no tenemos control sobre ellos. Pero podemos elegir cómo reaccionar ante esos pensamientos negativos. Contaremos con la ayuda de nuestros tres protagonistas para vencer a la malévola, pero no será fácil...

¡Con todo el cariño del mundo, he preparado una lista con cosas que nunca debes dejar de hacer!

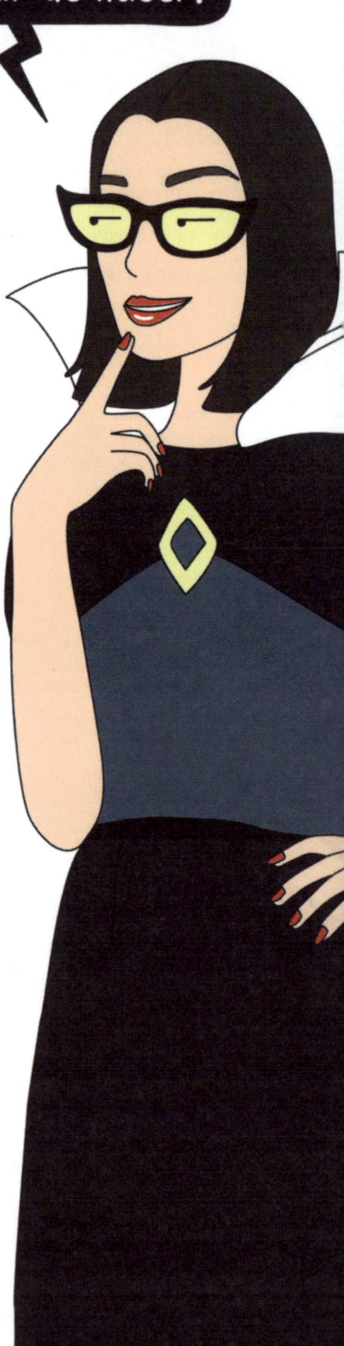

1. No te dejes llevar por los pequeños placeres de la vida. Son mundanos.

2. Practica sostenidamente el aburrimiento como estado vital.

3. Busca el chico 10. Sácales defectos a todos. Para alcanzar este propósito, boicotea tus citas mirando a tu pareja con desdén, echando continuos vistazos al reloj del móvil, criticando a los camareros y, ¿por qué no?, poniéndote a ligar con uno.

4. Provoca peleas sin motivo alguno con tu pareja y amigos. O, mejor aún, con tu madre.

5. Cuenta las calorías de todo lo que comes. Piensa el equivalente en ejercicio a todas esas calorías. Regodéate en ese sufrimiento. Para mayor efectividad, siéntate y tócate ese michelín que te sobresale en el abdomen.

6. Sé desagradecida con la gente que te rodea.

7. Mira las fotos de tu exnovio todas las noches antes de dormir. Lee sus mensajes. Quítate de la cabeza esa absurda idea de borrar sus emails o whatsapps. Considera seriamente la posibilidad de tatuarte su nombre en alguna parte del cuerpo.

8. Sigue en las redes sociales a todas las celebrities. Observa cómo abunda el lujo y toda clase de comodidades en ella (que, además suelen ser gratuitas). A continuación echa un vistazo a donde vives tú y a tu armario.

9. Pasa desapercibida en tu trabajo. ¿Sobresalir?, ¿en serio? Eso es para gente con ambición. Piensa que si no te generas expectativas ni te marcas retos, no te decepcionarás al no alcanzarlos. No destaques ni opines.

10. Mira fotos antiguas de ti sin descanso. Observa que antes estabas más delgada, tenías menos arrugas y te quedaba mejor el pelo.

11. Culpa de todo a tu mala suerte y a esa (o)diosa arbitraria llamada Fortuna.

12. Lo que los demás piensan de ti es importante. Para sentirte valorada necesitas el reconocimiento de los que te rodean.

13. Piensa continuamente en que se te ha pasado el arroz. De hecho, tu casa apesta a quemado.

14. No perdones. Toda persona que te ha hecho sufrir en menor o mayor medida volverá a hacerlo antes o después.

15. Si quieres cambiar, ¡bah!, déjalo ya para mañana. Procrastina. Pospón. Cinco minutitos más, como tu alarma.

TRANQUILA, TE ENSEÑAREMOS A AMORDAZARLA.

4 Cosas que nos amargan

1) el amor 
2) el físico 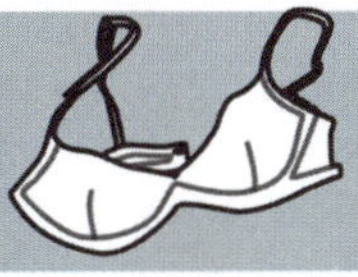
3) la salud 
4) el trabajo 
5) el futuro

1) el amor

¡Ay! las relaciones...

En casi todas las grandes obras de la literatura clásica y moderna, en casi todas las grandes tragedias griegas los personajes sufren, enferman y hasta mueren por amor. La lista es interminable. Anna Karenina, lady Macbeth, Madame Bobary...

Bonito panorama. Así que lo normal en tu tierna adolescencia y cuando aún no has descubierto sus mieles es rehuir de él, sentir el más profundo escepticismo respecto a que algún día llegues a enamorarte. Pero terminas cayendo inexorablemente en él. Terminas sufriendo, culpando, ilusionándote, amando y volviendo a amar.

Vivimos en una sociedad en la que quien elige libremente la soledad no está bien considerado. La soledad no merece la aprobación de la gente. Estar soltera a una determinada edad sigue estando mal visto, lo cual resulta paradójico teniendo en cuenta que en la actualidad se tiende cada vez más al individualismo.

Me encanta el amor...

¡Ser soltera es un motivo excelente para amargarte! ¡Busca el tuyo!

La soltera resignada

No busco al hombre 10, ¡busco al hombre 15!

La soltera exigente

La soltera con el síndrome de Bridget Jones

La que no sabe estar soltera

¡Y en pareja también puedes estar amargada! ¡Incluso más!

La pareja garrapata

El uno se adhiere tanto al otro que le hace perder su propia personalidad.

¡Sonríe más, cari!

La pareja reality show

Se quieren en las redes sociales. Se quieren mucho en las redes sociales.

La pareja por inercia

Como una rueda cuesta abajo.

La pareja dramática

Discuten tanto como respiran.

Cuando eres soltera las tentativas de emparejamientos de familiares o amigos se convierten en incontables. De pronto eres el perfecto complemento en cualquier salida o circunstancia, la perfecta acompañante para cualquier conocido. Cuando a los habituales planes se une otro "otro amigo de un amigo soltero", es decir, cuando hay dos solteros en la misma habitación, todos esperan o presuponen que terminarán juntos, como si necesitasen el elixir sentimental para sobrevivir. Te has convertido oficialmente en la:

Soltera comodín

¿Y por qué no pasó nada ayer con Manu?

¿Y por qué tenía que pasar algo?

Si estás soltera a una determinada edad llevas una etiqueta perenne. Aunque parece que hemos vencido en parte ese estereotipo de "solterona" todavía existe un sentimiento más o menos generalizado de que para ser feliz hay que tener pareja. La gente te tranquiliza a partir de una determinada edad diciéndote que:

Tres cosas hay en la vida: salud, dinero, y "ya encontrarás a alguien".

En el extremo opuesto a las personas que eligen libremente estar solas están las que no son capaces de estarlo, las que saltan de una relación a otra cual Tarzán saltando de árbol en árbol sujeto a una liana. Son obesas mórbidas emocionales. No han pasado sin pareja más de un mes en toda su vida desde que tienen uso de razón. Suelen llegar a perder el contacto con muchos allegados y, si lo mantienen, en cualquier plan que se proponga estará incluido él. Se mimetiza con el novio X y a la semana siguiente de dejarlo con él, lo hace con el novio Y.

Y por último las hay que rehúyen del compromiso aunque no son plenamente conscientes de hacerlo. Se vuelven, como ellas mismas aseguran, "más exigentes". En realidad boicotean cualquier relación o breve intento de algo similar. La soltería se convierte en un edificio a pie de playa que con el tiempo se revaloriza y de cuyo precio no rebajarán ni un euro.

Mucho tiene que ver con esta conducta la aparición del

DEFECTÓMETRO

El defectómetro es un artilugio que se activa de forma automática entre esa horda de "solteras exigentes" cuando conocen a un chico.

La máquina en cuestión saca defectos a todo: sus calcetines, ese atisbo de saliva en la comisura de sus labios, su nerviosismo, sus horarios, su madre, la escasez de su pelo, su exceso, su obsesión por el deporte, su desinterés por él mismo...

Siempre habrá algún defecto, por muy pequeño que este sea, que diga hasta-aquí-hemos-llegao. Entre la necesidad de tener pareja y la exigencia máxima por conocer al hombre perfecto transcurren los años.

PUES ESO, QUE ESTOY SOLA.

ECHO DE MENOS Y NECESITO AFECTIVAMENTE A ALGUIEN A MI LADO CON QUIEN REALIZAR PLANES COMUNES.

Necesito a alguien que me apoye cuando llego a casa después de un día nefasto en el trabajo o que me abrace cuando estoy enferma.

De hecho, ya me he comprado un gato y lo cebo, no vaya a ser que el día de mañana me tenga que rescatar de un incendio o, al menos, llamar a los bomberos.

SE ME HA PASADO EL ARROZ.

Gugú

SE ME VA A PASAR EL ARROZ Y ME GUSTARÍA SER MADRE.

QUIERO FORMAR UNA FAMILIA.

ME GUSTARÍA SER MADRE SOLTERA, PERO ME PREOCUPA NO PODER DARLE A MI HIJO TODO LO QUE UN NIÑO NECESITA.

TODAS MIS AMIGAS, PRIMAS PRIMERAS, SEGUNDAS Y TODO MI ÁRBOL GENEALÓGICO FEMENINO VIVO TIENE PAREJA EN UNA ALINEACIÓN ASTRAL CONTRA MÍ.

En todos los planes comunes parezco la violinista solista de la orquesta.

CONSIDERO SERIAMENTE VOLVER CON MI EX TAN SOLO POR PALIAR MIS NECESIDADES AFECTIVAS (Y TAMBIÉN, SOBRE TODO, LAS SEXUALES).

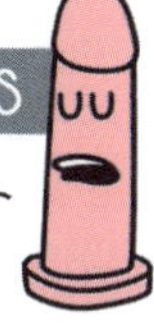

¿Y lo que te ahorrarás en pilas?

CONSIDERO SERIAMENTE QUE, SI SIGO CON ESTE "RITMO TREPIDANTE", EN UN PAR DE SEMANAS VOLVERÉ A SER VIRGEN.

Sé cómo te sientes.

ME MINA BASTANTE LA AUTOESTIMA NO HABER CONOCIDO A ALGUIEN A ESTAS ALTURAS DE MI VIDA.

Cosas que nos agobian al tener pareja

APENAS VEO A MIS AMIGOS.

ME GUSTARÍA TENER MÁS TIEMPO PARA MÍ MISMA.

ME SIENTO ENCARCELADA.

ME HE VUELTO DEPENDIENTE.

TENGO MIEDO A ENTREGARME DEMASIADO Y LUEGO SUFRIR.

Lo hice en el pasado y me siento vulnerable. **CUIDADO FRÁGIL CUIDADO**

NO SÉ SI ESTAMOS EN UNA RELACIÓN ABIERTA Y SE SUPONE QUE ESTAMOS VIENDO A OTRAS PERSONAS.

NO SÉ SI ESTOY PREPARADA O NO PARA TENER UNA RELACIÓN.

LA COMUNICACIÓN NEGATIVA. LA TENDENCIA A PENSAR QUE, SI ES CALLADO, ES PORQUE LE PASA ALGO CONTIGO.

¿ESTÁS ENFADADO?

HEMOS PERDIDO COMPLETAMENTE LA PASIÓN.

Ni un ejército de madres sería capaz de encontrarla.

ME DA VÉRTIGO PENSAR QUE VOY A PASAR TODA LA VIDA CON LA MISMA PERSONA.

Teniendo sexo con la misma persona, despertándome todos los días al lado de la misma persona, doblando toda la vida los mismos calzoncillos... ¿Y si hay algo ahí afuera que me haga más feliz?

PROPIEDAD DE:

ENVIDIO TREMENDAMENTE ESE "JENESAISQUOI"

Esos suspiros mañaneros, esa sonrisa perpetua y esas mariposas en el estómago de los inicios de una relación.

DISCUTIMOS TANTO QUE A VECES NO SÉ NI POR QUÉ DISCUTIMOS.

Llegamos a discutir por las discusiones. Nuestro día a día se ha convertido en una sesión cualquiera de un Consejo de Ministros.

ME MOLESTAN MUCHÍSIMO PEQUEÑOS DETALLES DE CONVIVENCIA.

Como que llegue a casa y deje su calzado en el salón, como que deje la pasta de dientes abierta, como que tire del nórdico para sí mientras duermo y me destape.

TENEMOS DIFERENTES OBJETIVOS Y METAS EN LA VIDA.

Nuestra psicóloga te puede ayudar a

VENCER ESAS PREOCUPACIONES:

Aprende a estar sola. Si vienes de una ruptura es necesario que reaprendas a estar sola y a disfrutar de nuevo de ti misma. Aunque parezca que se te cae el mundo encima (¡y tú sin casco!), lo cierto es que estar soltera te permitirá invertir más tiempo en ti misma, tus aficiones o tus proyectos.

Deja de culparte. Hablamos de la saludable afición femenina por culparnos de todo lo que nos ocurre, especialmente en el plano sentimental: "¿QUÉ ES LO QUE PASA CONMIGO?, ¿POR QUÉ LES ESPANTO SIEMPRE?". Pon fin a todo ese raudal de pensamientos negativos. No hay nada malo en ti. No tienes un estigma que te impida tener pareja. Muchas personas están en la misma situación que tú.

Aunque no tengas pareja no significa que estés sola. Nunca estarás sola, aunque a ti te lo parezca. Deja de preocuparte por los demás, de llorar porque alguien te ha dejado, de sentirte rechazada. Apóyate en tus amigos y familiares.

Deja de vivir en una comedia romántica. La idealización novelesca está bien para Hollywood, pero en la vida real nadie te va a dejar hueco para que te aferres a un resto de un barco que acaba de naufragar cuando está a punto de ahogarse. Las películas nos crean falsas expectativas, retratan un amor ficticio.

Evita comparar relaciones. Todos tenemos una amiga cuyo novio es infinitamente más –romántico, atento, detallista...– que el tuyo. Y de vez en cuando pueden surgir esas horribles comparaciones. "Pues que sepas que Manu por su cumpleaños le ha preparado una fiesta sorpresa a Sara. Javi va a buscar a Paula todos los días a su trabajo..." No te conducirá a nada positivo.

Evita relaciones tóxicas. Niégate a establecer lazos afectivos con hombres que sabes, porque lo sabes, que te van a hacer sufrir. Véase fóbicos al compromiso, atormentados, culturetas extremos, infieles crónicos o ególatras. Pero muy especialmente evítalo a él. A ese míster Tóxico con el que ya te envenenaste en el pasado y por el cual ya sufriste y resufriste lo indecible.

No te abandones pese a tener pareja. No te pierdas por el camino. No te conviertas en esa persona que se mimetiza con el otro miembro. De repente, las aficiones de su pareja son las suyas. De repente le gusta el cine mudo, quedarse en casa los domingos y los yogures desnatados, cuando antes odiaba a Chaplin, le encantaba tomar el vermú el domingo en el Rastro y las natillas de chocolate. Todo lo que suponga que ambos tengáis vuestro espacio, vuestras aficiones, vuestras opiniones, hará que la relación sea menos tóxica y, por ende, mucho más saludable.

Los castillos están bien, pero no los construyas en el aire.
Evita esa imaginación desbordante que te conduce a pensar que algunos comportamientos de tu pareja son la respuesta a un hecho catastrófico. Como diría Guillermo de Ockham,

la teoría más simple suele ser la correcta.

No intentes moldearlo a tu gusto. No es la vasija de barro de Demi Moore en *Ghost*. Intentar cambiarlo seguramente acabará siendo frustrante para él o para ti.

Aprende a olvidarlo. Aléjate de él y sus recuerdos el tiempo que sea necesario. Quítate de la cabeza esa descalabrada idea de "No, pero si puedo ser su amiga". PI-PI-PI: ERROR FATAL. No te fustigues pensando lo que tú hiciste mal o lo que pudo haber sido y no fue. No lo espíes compulsivamente en Internet. No, tampoco stalkees en las redes sociales (sí, tampoco en LinkedIn) a su nueva novia, o a las 1656 candidatas a serlo según tu imaginación. Aprende a apreciar lo bueno que tuvisteis (si es que lo hubo), quédate con las lecciones que te servirán de cara a otra relación y, cuando estés preparada, pasa página. No importa que tengas un libro electrónico y te veas incapaz de hacerlo, tarde o temprano lo lograrás.

Aprende a perdonar. Cuando perdonas a alguien, en realidad, te estás haciendo la promesa a ti misma de que no volverá a hacerte daño. Perdonar no significa que lo que te hizo no tenga importancia, ni que tengas que seguir relacionándote con la persona que te dañó. Perdonar significa hacer las paces contigo misma.

NO MERECE LA

POR UNA RELACIÓN

¿Tienes una relación en la que te sientes atrapada? Libérate. Bien cambiando los hábitos que la hacen nociva, bien acabando con ella.

En tu mente existe el botón de perdonar.

En tu mente existe el botón de "posponer discusión".

El sexo volverá a ser bueno cuando te relajes y dejes de pensar.

Cuando lo descifrable ya se conoce y se convierte en monotonía, busca nuevas cosas, nuevas actividades y nuevas experiencias con él para romper el círculo vicioso del día a día.

Igual no sientes esa explosión de sentimientos del inicio de vuestra relación, sí, pero ahora tienes algo más fuerte y sólido. Algo que, definitivamente, es más difícil de encontrar.

PENA AMARGARSE

NI POR LA AUSENCIA DE LA MISMA

No estás sola. Tienes a decenas de personas que te quieren aunque no tengas pareja.

Eres una persona independiente, que no solitaria.

¡Tienes tiempo para ti misma!

No debes tomarte el fin de esa relación como un fracaso, sino como una lección. Tu tabla de multiplicar particular.

Vivir juntos, casarse, tener tres hijos rubios y comprar una casa a las afueras con jardín no es la única forma de realización sentimental en la vida moderna. Existen mil clases de relaciones y todas ellas válidas: relaciones abiertas, poliamor, poligamia, bisexualidad, etc.

Te olvidarás de él, igual que lo hiciste con tu expareja anterior. Solo necesitas eso que tanto se alarga después del telediario de TVE: TIEMPO.

Vuelves a tener el contador a cero. Para volver a enamorarte, volver a sonreír como una azafata del "Un, dos, tres" por cualquier tontería que te diga o te haga, para relativizar el tiempo que pasas a su lado ("¿Cómo? ¿Que llevamos tres horas tumbados? Ay, me han parecido cinco segundos") o para tener sexo a todas horas. En definitiva, vuelves a tener el contador a cero para lo que venga.

2) el físico

Existen tres palabras que van ganando peso (nunca mejor dicho) y relevancia con el paso de los años en nuestras preocupaciones personales: hidratos de carbono. Todos sabemos que los hidratos de carbono engordan, engordan mucho. "Ni se te ocurra tomar hidratos de carbono por la noche", lees constantemente en revistas y libros o te advierten tus amigos, de repente unos expertos en nutrición. "No cenes lechuga ni fruta, un filetito a la plancha y a dormir." Te tienen vetada hasta la fruta y la lechuga. Porque los hidratos de carbono van de la mano de otra odiosa palabreja:

A nuestro alrededor existe un:

También lees que para "quemar" un kilo de peso necesitas eliminar 7.200 calorías.Y mira, las cuentas no te salen de ningún modo. Así, de pronto, te encuentras llevando dos lonchas de pavo en papel de plata metidas en el bolso o embadurnadas en cremas tonificantes (paso previo a ser envuelta en papel filme) o con el estómago encharcado en un intento por llegar a los dos litros diarios de agua recomendados. Y entonces viene cuando te preguntas si tanto esfuerzo merece la pena.

Cuando el metabolismo comienza a cambiar con la edad tu pirámide alimenticia se invierte por completo. Mientras que antes todo el monte era orégano con masa de pizza, montañas de queso y la *"molto amada"* pasta, ahora los supermercados se han llenado de alimentos light, bajos en grasa, dietéticos, sin azúcares añadidos, de gama healthy living o de gama ultra health living.

Todos los lunes son 2 de enero. Todos los lunes empiezas una dieta milagro:

"ESTA VEZ DE VERDAD QUE SÍ".

Se llaman "dietas milagro" porque realmente es una experiencia propia de Lourdes que consigas terminarlas.

El deporte, más que en una forma de vida o un hobby, se convierte para muchas en una obligación. Te obligas a ir al gimnasio tres veces a la semana, terminas yendo una y arrastrada como una larva, pero con la convicción de que la semana siguiente te lo empezarás a tomar en serio.

Incluso has pasado a la fase 2 del autoengaño al decidir comprarte para casa una máquina para hacer ejercicio. Pero tras darte cuenta de que las telarañas de la bici estática de tu salón podrían formar parte de un catálogo de Halloween, vuelves a intentarlo con el gimnasio, pero esta vez con matrícula trimestral para que se note que es un proyecto más a largo plazo.

Te has apuntado a la moda del running, te has comprado un bono de varias sesiones en la piscina municipal de tu barrio, has desempolvado los patines de tu trastero, te has anotado a clases de pádel con tus compañeros de trabajo, vas un par de veces por semana a pilates, has mirado programas de fitness en YouTube e incluso te has puesto en manos de un entrenador personal... Lo que sea con tal de quitarte esos "cinco kilitos de más" y de ponerte en forma.

Además de tener miedo de aumentar de peso, a todas nos da verdadero terror

ENVEJECER

Somos una especie de Peter Pan con más prestaciones. En consonancia, el mundo de la cosmética nos ofrece así un catálogo ilimitado de productos con renovados y revolucionarios ingredientes, de alguno de los cuales sospechas que contienen sustancias de criaturas mitológicas por sus desproporcionados costes.

Cremas renergie, total effects, V-Lift, Prodigy, efecto lifting, slimming reducer... Internet está repleto de soluciones naturales, animales (babas de caracol), trucos caseros, remedios místicos, brebajes, pócimas y lociones para reducir las arrugas.

Somos Panoramix de la belleza. Y las marcas de expresión son nuestra "Galia" particular. Con lo felices que éramos cuando asociábamos solo las patas de gallo a los estampados o pensábamos que six-pack era un lote de seis latas de atún y no unos abdominales perfectamente definidos...

Tampoco es de extrañar la obsesión por el físico teniendo en cuenta que en los últimos años marcas y editores de moda adelgazan hasta a las propias modelos con programas de imagen. "Solo sé que no se ve nada", diría Sócrates tras ver algunas campañas publicitarias. Ni una imperfección: cutis párvulo, brazos y piernas infinitos, vello y celulitis inexistentes, dientes escalofriantemente blancos...

Todo lo que rodea a la estética se ha convertido en negocio, un negocio basado en la obsesión, inculcada con gran empeño, que sentimos por nuestros cuerpos.

Así consiguen que nos comparemos continuamente con cualquier mujer de nuestro entorno y también con las que salen por la tele: de este modo la tortura es más completa.

Nos preocupa que el físico nos afecte profesionalmente, pero sobre todo a nivel personal, en nuestras relaciones sentimentales y sexuales. Y es que cuando no tienes pareja, parece que todo gira en torno al físico y, cuando la tienes, a veces te da la sensación de que te "abandonas".

En esa búsqueda constante de la mujer perfecta puede que en algún punto nos perdamos a nosotras mismas. ¿Por qué no nos aceptamos con nuestro cuerpo notable en vez de obsesionarnos por buscar el cuerpo 10?, ¿acaso el cuerpo 10 existe?

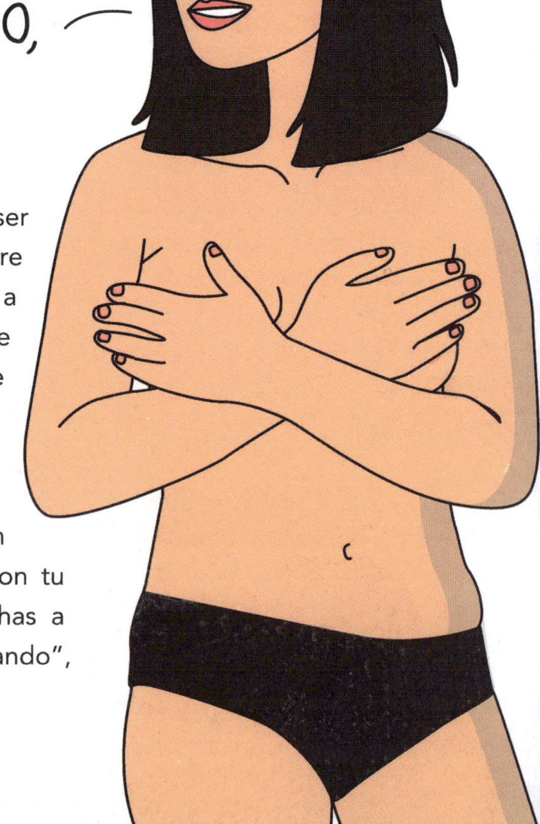

Pero no solo es culpa nuestra ser tan autoexigentes. Si se nos ocurre aceptarnos y vivir tranquilas y a gusto con nuestro cuerpo, siempre viene alguien a recordarnos que puedes (y debes) estar mejor. La manera de enfrentarte a ello es ser consciente de que no lleva razón y que haces muy bien en sentirte bien con tu cuerpo y con tu forma de ser. Así que si escuchas a alguien que te dice: "Te estás dejando", mejor déjalo a él.

COMENTARIOS TÓXICOS

MÁS PELIGROSOS PARA TU CEREBRO QUE UN ZOMBI

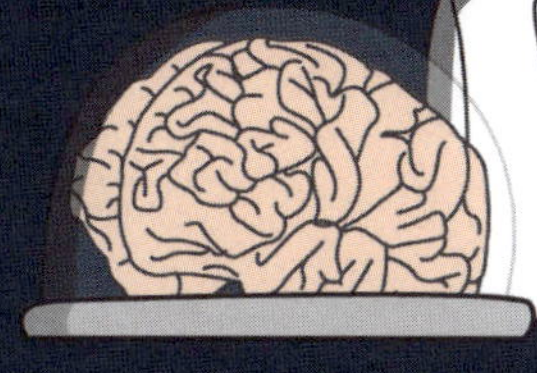

Deberías ponerte tacones más a menudo, como tu hermana: mira cómo te estilizan las piernas.

TU MADRE

No te preocupes, es normal coger algo de peso cuando tienes pareja.

TU AMIGA

¿Cuánto hace que no te aplicas mascarilla en casa? Tienes el pelo sequísimo.

TU PELUQUERA

Hay que tomar un poquito más el sol, ¿eh? Parece que estás enferma.

TU AMIGO

Hoy he salido a correr seis kilómetros y he quemado quinientas sesenta calorías. ¡Estoy lanzada! Y tú ¿ya has empezado con el gym?

TU AMIGA VIGORÉXICA

¡¡YA LLEGÁIS TARDE A LA OPERACIÓN BIQUINI DE ESTE AÑO!!

EL MONITOR DEL GIMNASIO

Recuerda que tienes que venir presentable a la reunión de mañana. Nada de venir informal.

TU JEFE

Ay, las cartucheras de mi gordi... ¡Que me las como! ♥

TU NOVIO

Cosas que nos agobian del físico

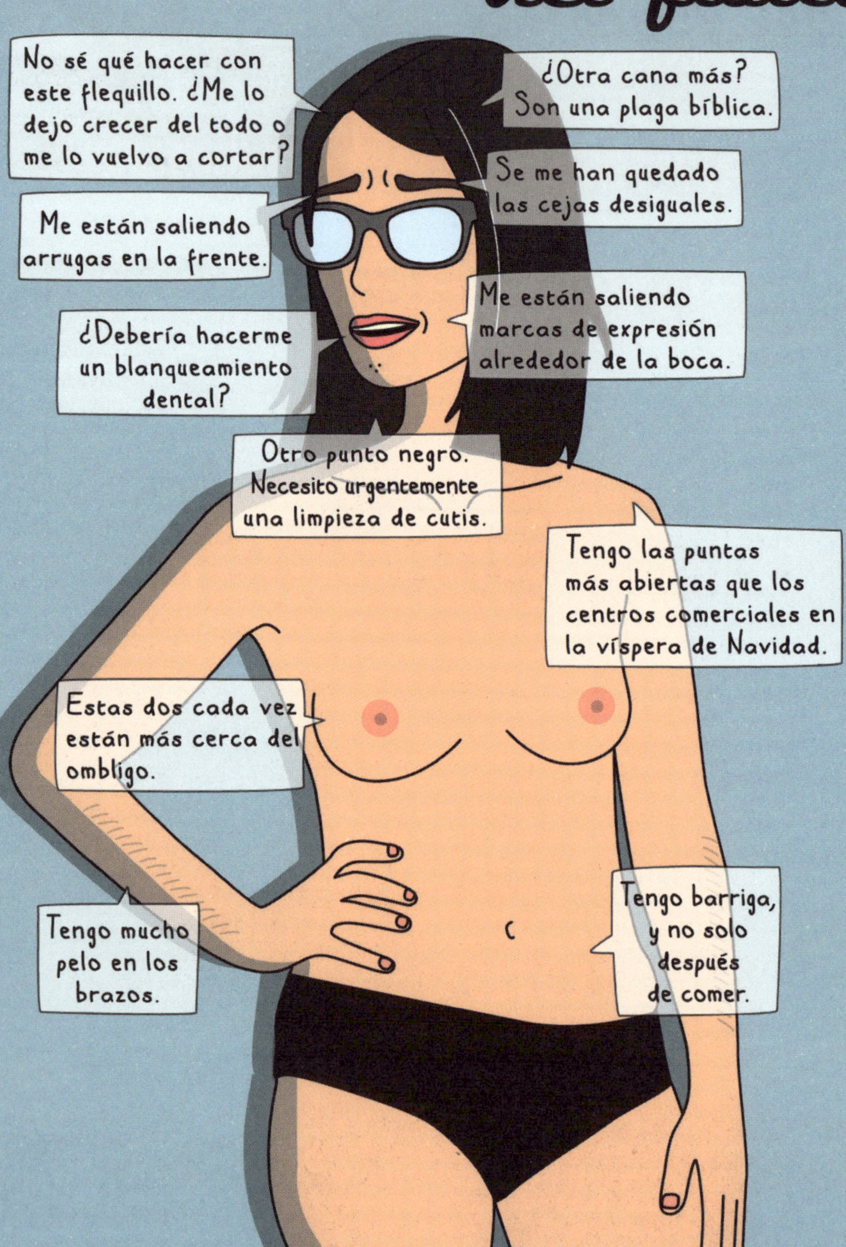

Cosas que nos agobian del físico

Tengo los brazos flácidos.

Me tengo que desabrochar el botón del pantalón para poder respirar. Dios mío, ¿tendré que usar la talla 40?

Está claro que todo lo que como se me va al culo.

No he encontrado mi media naranja pero sí la piel de naranja.

Tengo que depilarme mañana sin falta.

Tengo varices.

Tengo unos pies espantosos.

NUESTRA PSICÓLOGA Y NUESTRO ENTRENADOR FÍSICO PUEDEN AYUDARTE

No dejes que tu aspecto físico te afecte emocionalmente. Hay días que salimos de casa tras cambiarnos de ropa veinte veces y vernos mal cincuenta. Se nos ha estropeado el día antes siquiera de empezarlo. Nos sentimos mal con nosotras mismas y pensamos que la gente va a percibir todos nuestros defectos. Cuando algo nos altera, nos pone nerviosas o nos afecta emocionalmente, estamos tan metidas dentro de la situación que nos resulta difícil alejarnos de ella para verla en perspectiva. Para adquirir una visión más amplia de las cosas, todas tenemos algo que podemos utilizar: la inteligencia emocional, que nos ayudará a distinguir los hechos reales de nuestras opiniones subjetivas. Te puede dar la impresión de que hoy te ha quedado el pelo fatal cuando en realidad nadie notará ni la menor diferencia respecto a como lo llevas el resto de los días.

No existe mejor secreto de belleza que la autoconfianza. Aceptarse tal como uno es, tener autoestima y mostrarla, es mucho mejor que cualquier crema, mascarilla o ropa que lleves. La confianza en una misma tiene su reflejo directo en cómo te verán los demás.

No hagas un drama de cualquier pequeño cambio físico que sufras. Si tienes una talla más, asúmela. No es el big drama. Tan solo es una talla más de pantalones que esta vez sí te dejarán respirar. (Además, si quieres cambiar esa talla siempre encontrarás una solución.)

Y además:

Nuestro cuerpo refleja nuestra biografía personal. Una vez dijo Barbra Streisand: "Debe de ser muy difícil envejecer si has sido una reina de la belleza. Incluso en este caso tengo suerte". Las arrugas de expresión significan que has sufrido, reído, llorado, gritado... en fin, vivido.

Potenciar los lazos de apoyo entre las mujeres que te rodean es beneficioso, y no vivir en permanente competitividad con las mismas, especialmente en el plano laboral.

NO VEAS EL DEPORTE COMO UNA TORTURA

Establécelo como un hábito saludable: la mejor manera de mantenerte en forma y perder peso (mucho más efectiva que cualquier dieta milagro) es hacer ejercicio regularmente. Y como te contábamos en la introducción, hacer deporte también mejorará tu salud mental.

Entre otras virtudes:

1- Reduce el estrés y te ayuda a canalizarlo. No solo nos ayuda a quemar calorías, sino que también nos relaja.
2- Ayuda a que tengas más confianza en ti misma. El ejercicio aumenta la autoestima y, a la larga, hace que tengas mejor aspecto, lo que también ayuda.
3- Mejora la agilidad cerebral. El ejercicio puede generar nuevas neuronas y mejorar nuestras capacidades mentales; nos ayuda a tomar decisiones y contribuye a que aprendamos más rápido.

4- Nos hace más creativos. Una sesión de ejercicio cardiovascular puede ayudarnos a tener buenas ideas.

3) la salud

Si buscas en Google "bulto en el cuello" las primeras referencias que te aparecerán serán "tumor en el cuello", "protuberancias en la piel", "quistes sebáceos" o "linfoma de Hodgkin".

Y tú, que simplemente tienes las amígdalas un poco inflamadas, te vas a la cama pensando que te quedan dos semanas de vida, que te tienes que ir despidiendo de tus seres queridos y contratar a un abogado para actualizar tu testamento.

La peor de las enfermedades modernas es la

googleitis

googlelitis *(Del lat. googlelitae)* 1. Dícese de la búsqueda desenfrenada de síntomas en Google, con su consiguiente autodiagnóstico catastrofista, el cual se verá notablemente incrementado si la búsqueda se dirige a Google imágenes.

Las autoridades sanitarias advierten que Google imágenes perjudica seriamente la salud (mental).

¿CUÁNTAS VECES TE HAN DICHO RECIENTEMENTE ESO DE QUE "HAY QUE EMPEZAR A CUIDARSE"?

¿Cuántas veces has tenido dolor de espalda o de cabeza?, ¿llegas a los viernes como si tu semana laboral hubiese tenido veinte días y te dedicases a construir pirámides?, ¿han empeorado tanto tus resacas que tu cabeza se convierte en el escenario de la batalla de las Termópilas y no puedes hacer otra cosa que reptar hacia el sofá?

Es normal que nuestra preocupación por la salud aumente con el paso de los años, especialmente cuando esta se ve afectada por numerosos factores externos. También cuando no la anteponemos a las cientos de cosas que tenemos planificado hacer al día. Por eso nos aferramos a cualquier producto que nos aconsejan para mejorarla.

Si el médico te dice que necesitas Omega 3, ya preguntas si están disponible el Omega 4 o el Omega 4S, por si acaso. Desde que leímos en una revista que la soja es milagrosa, nuestra nevera parece un campo de cultivo de Vietnam. Nos rodeamos de complejos vitamínicos y de lecturas sobre alimentos que aumentan o empeoran nuestra esperanza de vida.

Nuestra salud se ve afectada por nuestro estado de ánimo, por lo que controlar las emociones negativas es la base para que esta sea buena.

Y AHÍ ESTÁN, TODAS ESAS PEQUEÑAS COSAS DEL DÍA A DÍA QUE PROVOCAN NUESTRO MALESTAR Y PREOCUPACIÓN

"HASTA QUE EL CUERPO AGUANTE"

No se te escapa que empiezas a tener una edad en la que debes ir abandonando vicios como la bebida o el tabaco pero que, en lugar de dejarlos de lado, lo que has hecho es incrementar su consumo. Porque el estrés de la semana provoca, en muchos casos, que el fin de semana queramos desconectar lo máximo posible, y desconectar implica salir, y salir implica beber hasta el agua de los floreros y fumar como carreteros. Muchas veces no somos conscientes de que tenemos que cuidarnos hasta que el cuerpo nos dice: "Mira, hija, ¡ya basta!".

EL ESTRÉS

El estrés afecta más a las mujeres que a los hombres. Según datos de la Organización Mundial de la salud un 55 % de mujeres muere a causa de problemas cardiovasculares, frente al 43 % de hombres. Normalmente ello es debido a la, en ocasiones, difícil conciliación entre la vida laboral y la familiar. No obstante, también puede achacarse a la presión. A veces no somos conscientes de que tenemos estrés, y otras veces –aun siendo conscientes– no le ponemos remedio.

SOFÁ, MON AMOUR

Al igual que los malos hábitos, sabemos que el sedentarismo, como nuestra compañía de la luz, nos acabará pasando factura. Y mira que lo intentamos, con matrículas anuales al gimnasio, con bicis estáticas en el salón... Todo en vano: la sombra del sofá es alargada y la horizontalidad como estilo de vida, muy tentadora.

¿A QUÉ VIENE ESE MAL HUMOR REPENTINO?

Existen varias razones científicas por las cuales nos "cruzamos" sin motivo y nos convertimos en una olla a presión. Conocer los factores que nos afectan es necesario, así como intentar cambiar los malos hábitos:

LA CAFEÍNA

Es otro de los motivos de nuestra posible ansiedad, aunque se tome con moderación. Cuando nos volvemos adictos a la cafeína, además de movernos a cien revoluciones, podemos padecer síntomas como migrañas, fatiga y malhumor. No se trata de dejar de tomar café si no puedes vivir sin él, o si lo necesitas para ser persona por las mañanas, pero es recomendable reducir el consumo a dos tazas al día como máximo.

TENER HAMBRE

Es común tener hambre y no ser capaz de concentrarse. Esto se debe a que el cerebro se alimenta de glucosa. Si tus niveles de esta en sangre son demasiado bajos, te sentirás mal, estarás irritable y te costará concentrarte. Para evitar esto, lo mejor es comer algo cada tres horas.

"Estómago saciado, cerebro concentrado."

LA ALIMENTACIÓN

¿Estás sensible y lo único que te apetece es terminar con todas las reservas de chocolate de Suiza y cambiar a tu gato por la vaca Milka? Puede ser contraproducente, y no solo para tu conciencia. Los alimentos ricos en grasas saturadas pueden perjudicar tus capacidades intelectuales. La comida basura provoca interferencias en las conexiones entre nuestras células cerebrales, las neuronas. La próxima vez prueba con alimentos ricos en vitaminas y minerales (como la fruta) en lugar de atacar la estantería de bollería del supermercado o la máquina expendedora de tu oficina.

LAS ONDAS ELECTROMAGNÉTICAS

Hay estudios que demuestran que las ondas que producen los aparatos eléctricos que tenemos en el dormitorio pueden alterar nuestro descanso y, en consecuencia, provocarnos fatiga e irritabilidad. La luz del ordenador, el tictac del despertador, el módem encendido o la odiosa vibración de tus whatsapps pueden producir efectos sobre nuestra actividad cerebral. Esto es difícil de demostrar, pero no cuesta nada apagar los aparatos electrónicos por la noche y, sobre todo, no dormir abrazada al teléfono móvil.

LA TIROIDES

Cuando alguien dice "Tengo un problema de tiroides" conviene saber de qué se habla y, especialmente, acudir al médico porque los síntomas son tratables. La glándula tiroides fabrica las hormonas que regulan nuestro metabolismo. Si la glándula no fabrica suficientes hormonas, nos sentimos cansadas, tristes y deprimidas. Este trastorno se llama "hipotiroidismo". También puede provocar aumento de peso, un exceso de sensibilidad al frío, sequedad y palidez en la piel, estreñimiento y fragilidad del cabello y las uñas.

EL SUEÑO

La ciencia coincide en que existe una relación directa entre la respuesta de nuestro cuerpo ante las infecciones y la regulación del sueño. Todos sabemos que, cuando estamos acatarrados o tenemos una infección gripal, nos entra sueño. Esto es debido a que cuando dormimos nuestro cerebro pone en marcha nuestro sistema inmunitario.

Aunque tu cuerpo te pida otro capítulo más de esa serie, lo cierto es que este agradecerá que le des todas las horas de sueño que estén a tu alcance.

LAS HORMONAS

Quizá te hayas dado cuenta de que tus días de irritabilidad o cambios de humor coinciden más o menos cada mes en el calendario. En este caso, seguramente la culpa la tienen las hormonas, que campan a sus anchas por tu organismo como si tuviesen la pulsera de todo incluido de tu hotel. A lo largo del ciclo menstrual, los ovarios producen estrógenos y progesterona. Una semana antes de que te venga la regla, más o menos, los niveles de progesterona están en lo más alto, y después caen estrepitosamente, lo que puede producirnos cambios de humor. El síndrome premenstrual es una de las causas de estos cambios repentinos en los niveles hormonales. También ocurre durante la menopausia, cuando la progesterona prácticamente desaparece.

No me pienso mover en toda la semana.

LA REGLA

La regla es el caballo de Troya de cualquier mujer. Un gigante caballo que aparece una vez al mes (en los mejores casos), saquea la ciudad y se va como si tal cosa. La menstruación ha sido considerada durante siglos algo mágico, místico o peligroso. Actualmente todos esos tabús han ido desapareciendo.

Somos mujeres, menstruamos y no nos gusta que nos pregunten si estamos "en esos días", "con tu amiguita" o "con tu amigo Andrés, el que viene una vez al mes", como quien habla de un elefante gigante en medio de una habitación. Sí, TENEMOS LA REGLA.

Nos preocupa que coincida con nuestros viajes, con todo lo que ello conlleva: tensión mamaria, hinchazón, dolor de cabeza, antojo de cualquier cosa que lleve chocolate, tristeza, irritabilidad, sensibilidad, cambios de humor, espinillas del tamaño de la catedral de Reims, dificultad para concentrarse, cambios en la apetencia sexual, pero ¿qué calor es este?, ¿Es que estoy deambulando por el Sahara?, y sí, cambios en tu temperatura corporal.

Y además, nos garantiza una vez al mes molestias o dolores agudos en el abdomen, conocidos en términos médicos como "dismenorrea".

La regla nos deja más noqueadas que un 1 de enero. Y sí, nos preocupa (nos amarga) cuando la tenemos, pero nos preocupa (muchísimo) más cuando no nos baja.

SI LA OVULACIÓN NO SE PRODUCE, LOS DESEQUILIBRIOS EN EL ESTADO DE ÁNIMO SE AGUDIZAN Y EXISTE MAYOR NERVIOSISMO E IRRITABILIDAD.

Y entre nuestras preocupaciones diarias están también los métodos anticonceptivos, la revolucionaria 'Toma de la Pastilla'. "¿Las he metido en la maleta?", "¿Me la habré tomado dos veces?", "¿Estará bien puesto el parche o se me habrá vuelto a despegar?", "Mierda, ¿se ha tragado las píldoras el perro?".

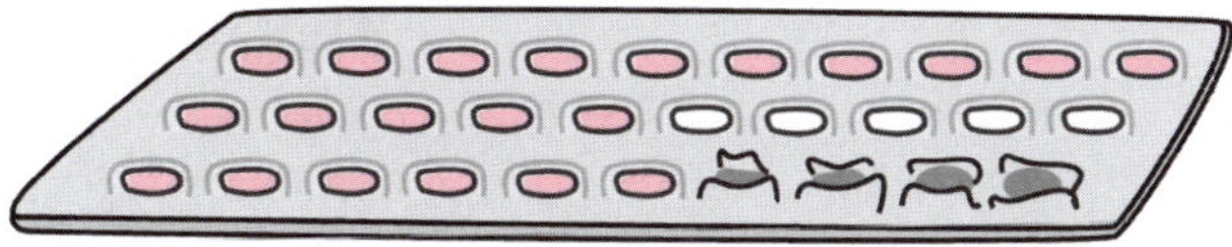

ENFERMEDADES SEXUALES

Las enfermedades sexuales femeninas sí continúan siendo un gran tabú. Cuando tienes picores (ya sabes, ahí...) los escondes como la letra pequeña de un contrato. Cada vez estamos más concienciados con el sexo seguro; sin embargo, nos sigue costando hablar de las ETS, como si estas fuesen un fenómeno paranormal. Y normalmente solemos esperar a que desaparezcan los síntomas sin hacer un tratamiento y sin acudir a un médico especialista.

4) el trabajo

En el trabajo, el teléfono de la mesa de al lado vuelve a sonar. Es un ring-ring monótono y reiterativo que permanece anclado en tu cerebro durante minutos. Cuando tú decides cogerla, la llamada deja de sonar, como si la estuviese haciendo el mismísimo Murphy.

De pronto tienes frío, de pronto calor, de pronto todo te molesta: la risa nerviosa de Victoria, la secretaria; el melódico movimiento de los pies de Santi, tu compañero de contabilidad; el tonteo que se traen todos en la oficina con la nueva becaria ("Podrían ser sus padres..."), el ordenador que se ha vuelto a colgar ("Este sí se cuelga, pero el teléfono no lo cuelga nadie"), o la impresora que se ha vuelto a quedar sin folios y, como siempre, te va a tocar a ti reponerlos.

Histórico fue el día que se quedó sin tóner y pasaron semanas sin que nadie se atreviese a hacer el recambio, como si hacerlo fuera una hazaña digna del mismísimo Indiana Jones.

Hay días laborales que ni cientos de *coffee breaks* ni otros tantos *after offices* solucionan. Días en los que tu única y lasciva fantasía es una cama o un sofá, y tu único anhelo es quedarte tumbada en ellos viendo capítulos en bucle mientras comes helado con una cuchara sopera.

Hay lunes en los que te planteas enfermar de urgencia a algún familiar para salir disparada por la puerta. Y lanzas plegarias al mismísimo Zeus para que, esté donde esté, te mande la suficiente fuerza como para blandir un rayo.

Y miras el reloj cada cinco minutos mientras compruebas cómo el tiempo se ralentiza o desacelera.

Hay otros días, sin embargo, en los que te sientes realizada. Piensas, mientras te atusas el cabello: "Porque yo lo valgo...". Son días en los que tu esfuerzo se ve recompensado y en los que hasta el café de la máquina te sabe bien. Y piensas que ese ascenso soñado está más cerca.

Pongamos que tienes treinta años y llevas trabajando desde los veintidós unas ocho horas diarias. Eso quiere decir que, teniendo en cuenta los 252 días laborables del año, has pasado muchísimas horas de tu vida trabajando. Todo ello sin contar las horas extras, ni los "Tengo que trabajar desde casa un ratito" de los domingos, ni los "Tengo que responder un correo electrónico de mi jefe" en tus ratos libres. Por todo ese tiempo dedicado y por el que por suerte aún dedicarás, es fundamental que el trabajo no te desmotive.

Seguramente te habrás preguntado numerosas veces si vas a hacer lo mismo el resto de tu vida o si en algún momento vas a poder tener un trabajo que te realice plenamente. Puede que de vez en cuando mires las ofertas de Internet, o puede que ya las hayas visto en tantas ocasiones que te sepas de memoria los requisitos y datos fiscales de la empresa.

No obstante, también puede pasar que de improviso te suene todo a chino: office manager, SEM specialist, controller, customer experience manager, business intelligence, real time bidding, export area manager, scrum master... ¿Desde cuándo existen esos puestos?, ¿cuántas veces al día se empieza a considerar excesivo refrescar la página de búsqueda de empleo?, ¿desde cuándo las entrevistas de trabajo parecen una prueba de la NASA?

Ha habido un pequeño error al domiciliarte los pagos de las nóminas... Cuando lo oigas, llámame.
666 666 666
TU GESTOR
Linked in
0 personas han visto tu perfil hoy.
https://www.gmail.com
Gmail
Redactar
Recibidos
Destacados
Importante
Enviados
Borradores
TU JEFE
(hace 3 minutos)
Hay mil personas ahí afuera que matarían por estar en tu lugar. Así que aunque aún no tengas contrato valóralo como una oportunidad. Hay que sacar el trabajo adelante estemos los que estemos. Ya hablaremos de las vacaciones más adelante.
La Imperfecta
https://www.facebook.com/laimperfecta
facebook
TU AMIGO
La clave hoy en día para encontrar trabajo es ser más proactivo, lo leí en este artículo: http:/blablabla
TU COMPAÑERO FATALISTA
Me ha dicho la de contabilidad que hay rumores de un expediente de regulación de empleo. Me van a echar fijo. Yo ya llevo varias semanas echando currículos, por si acaso. ¿Tú no? Deberías...
Chat
¡Algún día te harán contrato, no desesperes!
TU COMPAÑERO OPTIMISTA
TU COMPAÑERO TREPA
Ya me quedo yo a terminar el trabajo, no te preocupes. Y ya le mando yo al jefe el correo electrónico.
Ay, hija, no te estarás cogiendo muchas vacaciones, ¿no? Mira que no están las cosas como para que te despidan
TU MADRE
CURRÍCULO
Igual con lo de nivel alto de francés estás siendo algo fantasiosa, ¿no? Que lo más cerca que has estado de hablar francés desde BUP es viendo los anuncios de perfumes en Navidad. Y quita lo del Erasmus de "Otros datos de interés", que en eso no se fija nadie...
CLASIFICADOS
OFERTA DE TRABAJO
Requisitos:
Hablar varios idiomas.
20 años de experiencia dirigiendo equipos.
Dominar el esperanto.

Solo hay algo que nos agobia más que el trabajo.
No tenerlo.

A veces son nuestros propios pensamientos los que nos hunden bajo tierra.

¿Es que nunca voy a encontrar trabajo? ¿Qué hago mal? ¿Me ha mirado un tuerto? ¿Por qué no hago bien ninguna entrevista?

Nunca voy a encontrar un trabajo que me motive. Un momento... ¿Qué es lo que me motiva?

Ahorrar es una quimera.

- Ayer soñé con columnas de Excel. Madre mía, creo que el trabajo absorbe toda mi vida.
- Tengo tal montaña de trabajo que el día que Madrid consiga unos juegos olímpicos todavía no habré terminado.

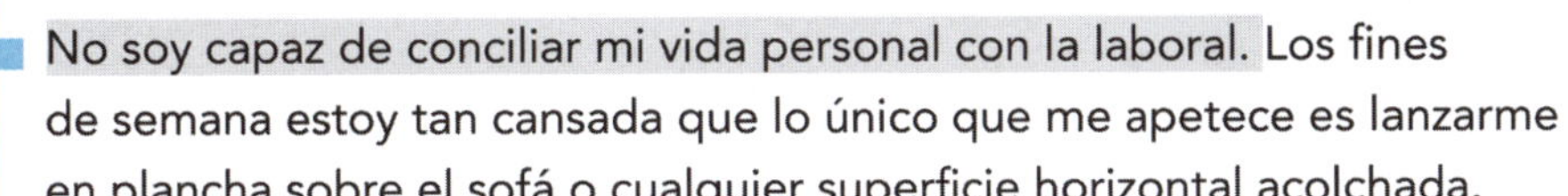

- No soy capaz de conciliar mi vida personal con la laboral. Los fines de semana estoy tan cansada que lo único que me apetece es lanzarme en plancha sobre el sofá o cualquier superficie horizontal acolchada.
- Cuando he tenido un mal día en el trabajo lo traslado a casa, y cuando tengo algún problema en casa lo traslado al trabajo. No soy capaz de separar ambas esferas y eso me trae bastantes problemas.
- Mis compañeros de trabajo me hacen la vida imposible.
- Mi jefe me hace la vida imposible.
- Quizá no fue buena idea salir con mi compañero de trabajo. ¿Y si terminamos la relación? Lo tendré que ver todos los días...
- No me siento valorada por nadie de mi entorno laboral, salvo por la máquina de comida de la última planta.
- Creo que mis compañeros me critican a mis espaldas. El otro día los vi riéndose mientras se mensajeaban por el chat interno.
- Han confiado para que lleve este proyecto yo sola y no sé si daré la talla.
- Puse demasiadas expectativas en este trabajo.

NO PUEDES SEGUIR EN ESA LÍNEA...

Nuestra psicóloga y nuestro neurocientífico pueden ayudarte a combatir todos esos pensamientos nocivos:

BUSCA ALGO PARALELO A TU TRABAJO QUE TE MOTIVE.

No dejes que tu trabajo acapare por completo tu jornada diaria. Si buscas alguna actividad alternativa que te agrade, ya sea formación complementaria, estudios o, simplemente, un hobby, te ayudará a afrontar el día con más optimismo.

SI TIENES UNA BUENA IDEA, ATRÉVETE A SACARLE PARTIDO.

Emprende (y no solo la salida de España), analiza las posibilidades de llevarla a cabo, crea un proyecto e intenta ejecutarlo.

SI LO TUYO NO ES EMPRENDER, DISFRUTA DE LA RUTINA.

Puede que no trabajes en la CIA, ni seas el ayudante de Sherlock Holmes, ni te dediques a descifrar la tumba de Tutankamón; puede que tu trabajo consista en sentarte delante de un ordenador todo el día y lo más emocionante que te pase sea averiguar si ese día hay un doodle interactivo. Pero eso no tiene por qué ser malo. Un trabajo rutinario puede tener sus partes positivas como, por ejemplo, la eficacia o las posibilidades de ascenso.

CREA UN BUEN CLIMA CON TUS COMPAÑEROS.

No tenéis por qué iros de fiesta todos los fines de semana, ni tienes que llevarles pasteles todos los días, ni tienes que hacerles la pelota indecentemente, pero demostrar complicidad e interés por lo que hacen, escuchar sus propuestas o aprender de lo que pueden enseñarte puede ayudarte mucho en tu día a día.

Una buena relación con tus compañeros de trabajo y la búsqueda de aliados en tu entorno laboral son elementos clave para garantizar tu supervivencia en la empresa.

POTENCIA TUS FORTALEZAS. Y no te dejes vencer por tus debilidades.

ACEPTA LAS CRÍTICAS. No todas tienen por qué ser negativas. Algunas te ayudarán a avanzar.

LA AUTOCRÍTICA SÍ, PERO SIN PASARSE. No te angusties pensando "No voy a saber hacerlo", "No estoy a la altura de lo que me exigen", "No voy a ser capaz de hablar en público", etc. La inseguridad es un rasgo que nos puede terminar anulando.

DESTIERRA TU VERGÜENZA. Es una emoción que se alimenta de nuestra constante atención a nuestros defectos. Sin darnos cuenta, nos convertimos en víctimas de nuestros nocivos pensamientos.

NI MAGNIFIQUES, NI MINIMICES. Es decir, no des importancia a los asuntos negativos y pongas en segundo lugar los positivos. Otro gran distorsionador de la realidad es la imaginación, cuando estamos a la expectativa de la peor de las circunstancias posibles. Es una conducta que produce estrés innecesario.

OLVÍDATE DE LA "TENGOQUEDITIS". Destierra la creencia irracional de que "tienes que" o "debes" hacerlo tú todo. Aprende a delegar.

EVITA PERSONALIZAR. Tú no eres la culpable de los errores de otros trabajadores de tu empresa, al igual que los otros no son culpables de los tuyos.

5) el futuro

Mmmm...
Lo veo todo
negro, negro.
Pero, tranquila,
que combina
con todo.

Antes podías imaginar con total exactitud cómo ibas a pasar los próximos diez años de tu vida, con un empleo medianamente estable, una hipoteca, un coche... o, al menos, podías imaginar que en un futuro próximo vivirías cerca de donde creciste.

No podías predecir que las maletas serían tus mejores confidentes y en muchas ocasiones (por estancia acumulada) terminarían siendo tus compañeras de piso; ni que el empleo más estable de los de tu entorno sería el del afilador de tu barrio.

Actualmente puedes imaginar que en los próximos veinte años habrá coches autodirigidos, que la tecnología lo invadirá todo, que Apple lanzará su iPhone 17-S, que probablemente el hombre pisará Marte, que en el telediario de La 1 seguirá Ana Blanco o que en España habrá casos de corrupción. Vamos, certezas.

Nuestro futuro está compuesto más o menos por:

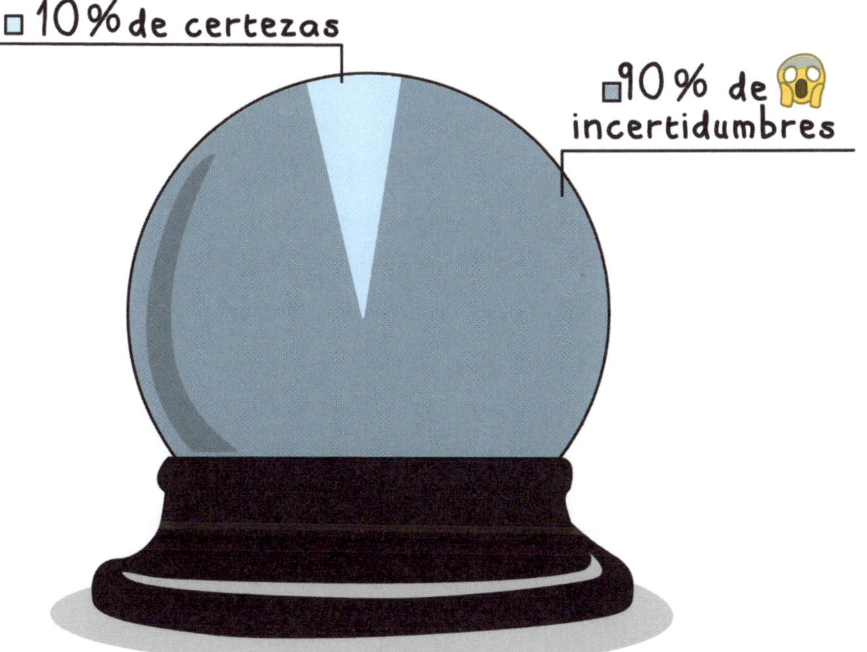

Muchas incertidumbres... El futuro es incierto. Y cuando nada es predecible la toma de decisiones se complica. Sientes como si tuvieses que elegir entre dos caminos: uno que se te antojará lúgubre, espinoso y oscuro; el otro, en comparación con el primero, te parecerá un sendero luminoso, plagado de flores y mariposas, con la banda sonora de *Sonrisas y lágrimas* resonando de fondo.

PORQUE SIEMPRE SIENTES QUE HAS ELEGIDO EL CAMINO EQUIVOCADO

y que antes o después te encontrarás al borde de un precipicio con tu coche tambaleándose. (Quizá esto se deba a que hemos visto demasiadas películas de Tom Cruise.)

LA INCERTIDUMBRE NOS HACE SENTIR INDEFENSOS.

Como es lógico, preferimos que nos den una mala noticia a tener que esperar un segundo más para saber si lo que nos van a comunicar es bueno o malo... Tenemos una necesidad innata de saber los porqués, además, el tiempo corre en nuestra contra.

El tiempo se ha convertido en nuestra más preciada posesión. Ya casi no sabemos perderlo. Preferimos aprovecharlo y exprimirlo hasta matarlo de asfixia. La "prontomanía" nos lleva a querer hacer cientos de cosas a la vez y a toda prisa, en lugar de hacerlas bien y con calma. De hecho, cuando permaneces un par de horas sin hacer nada hasta te sientes culpable.

A veces nos hace falta tomarnos un tiempo para perder el tiempo. A fin de cuentas, lo único que sabemos con certeza sobre nuestro futuro es que de él procede una señora vestida de blanco que lleva una botella de lejía en la mano.

¿Podré vivir alguna vez en más de cincuenta metros cuadrados, sin necesidad de utilizar el bajo del somier como trastero?

¿Podré vivir alguna vez en un piso propio y no de alquiler?

Si me voy al extranjero a buscar trabajo, ¿sobreviviré? ¿Me podré defender con mi inglés del instituto?

¿Llegará algún día "el momento apropiado" para ser madre? ¿Y qué quiere decir exactamente "apropiado"?

Estoy embarazada. ¿Cómo voy a darle a mi hijo lo que mis padres me dieron? ¿Sabré ser una buena madre?

¿Y si le doy una segunda oportunidad?, ¿O me habré quedado ya sin vidas en nuestra "partida"?

Me ha pedido un tiempo. ¿Qué narices significa "un tiempo"? ¿Cinco minutos? ¿Una hora? ¿Un mes? ¿Significa eso que lo hemos dejado?

¿Cómo voy a cuidar de mis padres si enferman?

Y si soy madre soltera, ¿podré con todo?

Respondemos ante la incertidumbre del mismo modo que los periodistas redactan sus noticias: utilizando las cinco W (Who, What, Where, When y Why), es decir, preguntándonos quién, qué, dónde, cuándo y por qué. Nuestra mente, a veces, parece una madre: nos pregunta sobre todo y a todas horas.

COMENTARIOS NOCIVOS

TU MADRE

Deberías empezar a ahorrar un dinerillo al mes. Y deberías pensar en mudarte. Ahora que te veo, ¿vas con la ropa así de mal planchada al trabajo?

TU TÍA

Ay, qué pena más grande cuando me enteré. ¿Seguro que no podéis volver? Con lo buen mozo que era... Que te vas a quedar para vestir santos...

TU AMIGO

¡Ni se te ocurra casarte en el 2017, que ya tengo tres bodas! No doy abasto.

TU AMIGA

¿Estás segura de que es un buen momento para buscar quedarte embarazada? No sé, tía, yo esperaría a tener un trabajo fijo.

TU JEFE

Bueno, en septiembre, cuando se te termine el contrato, ya veremos qué pasa.

LA MALIGNA

Tranquila, teniendo en cuenta el estado actual de tu economía calculo que habrás ahorrado algo en el 2034. ¡ENHORABUENA!

*En grandes dosis puedes matar tus ganas de vivir.

Nuestra psicóloga te da algunos consejos:

ACEPTA LA INCERTIDUMBRE.

No dejes que las dudas o la necesidad de saber te angustien o te impidan vivir con tranquilidad. Sí, el futuro es incierto pero tú no puedes hacer nada para cambiarlo. Si consigues dominarla encontrarás estabilidad emocional.

NO PUEDES PREDECIR TU FELICIDAD.

Como te decíamos anteriormente, no puedes controlar tu futuro, ni predecir cómo o cuándo vas a ser más feliz. Estamos inundados de información sobre cómo ser más felices. En las redes sociales, la publicidad, las revistas de moda y, por supuesto, las librerías, podemos encontrar innumerables artículos y estudios que nos explican cómo estar mejor y dejar de amargarnos la vida por tonterías (sí, de hecho estás leyendo este libro). Incluso hay congresos y laboratorios dedicados en exclusiva a analizar y estudiar la felicidad.

A pesar de todo seguimos pensando que eso de ser feliz es algo que está fuera de nuestro alcance, o que, como mucho, podemos sentirnos felices en determinados momentos de nuestra vida. Tendemos también a comparar nuestro nivel de felicidad con el de otros, o nuestro nivel de felicidad actual con el que vivimos en el pasado. Ninguna de esas actitudes te permitirán disfrutar del presente.

Y nuestro sabio neurocientífico también tiene algunas sugerencias:

LA IMPORTANCIA DE LA RESILIENCIA:

La resiliencia es la capacidad para afrontar la adversidad y lograr adaptarse bien ante las tragedias, los traumas, las amenazas o el estrés severo. Las personas con alta resiliencia tienen un optimismo realista. Es decir, piensan que las cosas pueden llegar a ir bien, creen que pueden controlar el curso de sus vidas pero sin dejarse llevar por fantasías.

REFLEXIONA SOBRE QUIÉN ERES.

Por último, te proponemos un sencillo ejercicio para reflexionar sobre quién eres realmente. Coge una hoja blanca de papel y un lápiz. Sobre la hoja apaisada, traza una línea horizontal, de extremo a extremo. Esta línea horizontal representa tu vida.

A continuación, marca en la parte izquierda de la línea (tu pasado) los momentos importantes de tu vida y en la parte derecha (el futuro) los hitos que pretendes alcanzar, tanto los más inmediatos en el tiempo como los más alejados. Observa tu línea de la vida y reflexiona sobre tu pasado y sobre cómo te planteas alcanzar tus objetivos del futuro.

¡CRASH!

5 Empieza el entrenamiento

SEMANA 1

SEMANA 1

DÍA 1

Define en qué punto de tu vida estás. Reflexiona sobre tu pasado y piensa en el futuro, pero, sobre todo, define tu presente.

¡ESTÍRATE! (Y no solo para bostezar.)

Si estás de bajón apaga ese disco de Adele y sal de ese agujero negro llamado sofá.

DÍA 2

¡Nos vamos de paseo!

Ríete. Paso uno para conseguirlo: no veas el telediario.

DÍA 3

Muerte a la "tengo-quenditis" y otras tantas creencias irracionales.

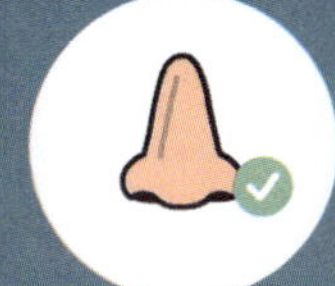

Aprende a respi-rar en momentos de estrés.

Deja de inventarte conclusiones.

DÍA 4

Ponte *"Puede ser mi gran noche"* de Raphael y BAILA.

Sí, ¡puede ser tu gran noche!

¿Estás distraída? Te contamos por qué.

DÍA 5

Ohmmm. Meditemos.

Los cerebros estresados no aprenden. Desconecta.

DÍA 6

No te tragues tus preocupaciones. Hacen bola. Queda con una amiga y cuéntaselas.

Empieza a cambiar tus malos hábitos.

Abdominales para empezar el día con energía (y el siguiente, con agujetas).

DÍA 7

El domingo también se puede salir del sofá.

SÍ, HAY VIDA AHÍ FUERA.

Cambia de paisaje. El del fondo de pantalla de tu ordenador no vale.

LAS VENTAJAS DEL OPTIMISMO

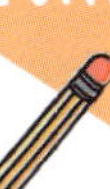

El ser humano tiene un nivel estable de felicidad. Hay personas que son aterradoramente felices (incluso sonríen los lunes por la mañana), las hay felices, las hay con mayor tendencia a estar deprimidas o las hay con una tendencia inevitable a estarlo. Cada persona tiene un nivel básico de felicidad y en algunos este es más bajo que en otros. Lo que a ti te hace feliz a otra persona puede hacerle tremendamente infeliz.

Pase lo que pase, sea bueno o malo, el efecto sobre nuestro estado de ánimo es temporal y antes o después regresamos a nuestro nivel estable. En gran parte esto se debe a la genética, pero también a nuestra forma de pensar. Ser optimista hoy en día es casi como tener superpoderes y un caparazón a prueba de balas. Ser optimista no es algo con lo que nazcas y no puedas cambiar, no es el color de tus ojos o tu estatura, se puede ejercitar. Para ello:

Ve el vaso medio lleno. Hay días que en vez del vaso vemos directamente el océano Atlántico medio vacío. Días en los que simplemente nos levantamos con el pie izquierdo y con esguince, y en los que el túnel está sellado con hormigón y no entra ni un ápice de luz. Lo importante en estos días es ajustar tus pensamientos a la realidad y darle un giro positivo. ¿Que te has vuelto a quedar dormida y no has ido al gimnasio? Ve andando al trabajo y compensa. ¿Que has vuelto a perder el metro? Aprovecha para leer esos cuatrocientos cincuenta mensajes de Whatsapp que tienes pendientes o para leer a secas. ¿Que has perdido el trabajo? Quizá sea la oportunidad para empezar a hacer lo que realmente te gusta. Nuestro lema es el "always look on the bright side of life" que cantaban los Monty Python entre memorables silbidos.

Sé agradecido. No la pagues con los que normalmente más te quieren. Tienes alguien que te escucha y que te quiere. Da gracias por ello. (Te quieren pero tampoco tienen el monopolio de la paciencia infinita.)

Piensa que, pase lo que pase, siempre habrá alguien peor que tú.
Eso de mal de muchos, consuelo de tontos.

Del ordenador del trabajo, al ordenador de tu casa, al smartphone en la cama. Y los domingos del sofá a la cama. Haces ejercicio dos o tres veces por semana, sí, pero ¿te estiras el resto de los días?

SEA LO SEDENTARIA QUE SEA TU VIDA,

es importante realizar estiramientos para que tus músculos y tus articulaciones estén flexibles y tonificados, y así evitar los típicos dolores de espalda y las lesiones.

Aprende a hacerlos como una rutina. Como ducharte, cargar el móvil o desayunar. Es más recomendable hacerlos por la mañana, pero también puedes hacerlos por la tarde, cuando vuelvas del trabajo, y terminarlos con una pequeña relajación.

¡ESTÍRATE!

(Y NO SOLO PARA BOSTEZAR)

1. Estiramos el cuello. Es la parte que más tensión acumula a lo largo del día. Hay días en los que termina más rígido que Angela Merkel. De pie, con los pies juntos y los brazos estirados a lo largo del cuerpo, mantén tu columna erguida. Lentamente, mueve la cabeza de lado a lado cinco veces. Después, haz cinco movimientos más, esta vez de izquierda a derecha, con la barbilla pegada al cuello.

2. Estiramos la espalda. Siéntate en una silla y mantén la espalda recta. Levanta los brazos por encima de tu cabeza y elévalos tanto como te sea posible. Repite diez veces.

3. A continuación, nos ponemos de pie con las piernas separadas y las manos sobre las caderas. Inclinamos la pelvis hacia delante mientras la contraemos, sin sin dejar de estirar la espalda (como si fueras a atarte un cordón).

4. Estiramos las piernas. Nos echamos de espaldas sobre el suelo (si es posible sobre una alfombra). Flexionamos una de las piernas y la otra la estiramos hacia arriba. Sin dejar de tener la pierna estirada, la bajamos hasta donde podamos y volvemos a subirla. Repetimos diez veces. Después cambiamos de pierna y repetimos de nuevo.

5. Volvemos a ponernos de pie y, con la espalda erguida, flexionamos las piernas ligeramente, para regresar después a la posición inicial. Repetimos diez veces.

Nuestro cerebro tiene una forma curiosa de reaccionar ante los momentos bajos. Con pocos estímulos se puede llegar a apagar o a acelerarse de mala manera recreándose en todo lo malo que nos sucede. **Por eso lo importante cuando estás de bajón es activarlo.** No lo harás acudiendo a la nevera en busca de consuelo, ni viendo en bucle "*Anatomía de Grey*", ni hundida cual *Titanic* en el sofá.

HAY UNA SERIE DE CONDUCTAS QUE PUEDEN AYUDAR A ACTIVARLO:

1-Aprender un idioma.

2-Patinar.

3-Perfeccionar tu técnica de preparar mojitos hasta la excelencia y organizar una cena con tus amigos.

4-Perfeccionar tu técnica de beber mojitos.

5-Hacer algún curso que complemente tus conocimientos profesionales.

6-Leer. El mayor de los estímulos.

7-Escribir. Incluso a mano, como los seres 1.0.

8-Aprender a tocar un instrumento musical. El "Cumpleaños feliz" en la flauta no cuenta.

9-Mejorar tu autoestima visitando a tu abuela.

10-Mejorar tu autoestima comiendo las croquetas de tu abuela.

11-Aprender a cocinar las croquetas de tu abuela. O cocinar en general.

12-Aprende a estar sola (sin tele ni móvil ni Internet).

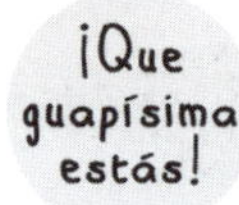

13-Viajar.

DEJAR DE PENSAR EN TÉRMINOS DE "TODO O NADA"

Ya hemos explicado en la introducción que basar nuestros pensamientos en términos de "todo" o "nada" no es aconsejable. Esa simplificadora reducción de todo lo que nos pasa es blanco o negro es bastante nociva...

Existe una gran escala de grises y, más allá de los grises que no combinan con casi nada, de cientos de colores. La pensadora Hélène Cixous utiliza la metáfora de los "millones de especies de topos aún no clasificadas" que excavan túneles en los cimientos de nuestros "edificios".

Cuando usamos palabras como "siempre" o "nunca" nos equivocamos en la mayoría de las ocasiones.

PENSAMIENTOS EXTREMISTAS

- Siempre la cago.
- Nunca voy a encontrar pareja.
- Todos los hombres son iguales.
- No sé qué estudiar, no hay nada que me guste.
- No sé qué voy a hacer con mi vida.
- Nunca voy a terminar este trabajo.
- Siempre tengo que solucionarlo yo todo.
- ¿Cómo voy a adelgazar, si siempre tengo hambre?

PENSAMIENTOS MÁS POSITIVOS

- Tengo una enérgica tendencia a cagarla, sí, pero suelo aprender de los errores que cometo.
- Tengo treinta años; decir que nunca voy a encontrar pareja igual es un poco catastrofista e irreal, ya que no vivo en una isla desierta.
- Cabe la posibilidad de que no todos los hombres sean iguales, igual es que yo tengo una tendencia masoquista a emparejarme con el mismo perfil masculino.
- Voy a intentarlo con esta carrera universitaria; si no me gusta siempre puedo cambiar.
- No sé qué voy a hacer con mi vida ahora mismo, pero de la incertidumbre a veces surgen las mejores oportunidades.
- Nunca voy a terminar este trabajo si me entretengo mirando la pintura de las paredes de la oficina y el anárquico vuelo de esa mosca. Voy a concentrarme.
- Siempre me da la impresión de que siempre lo soluciono yo todo, pero no es real. Recibo ayuda que no valoro.
- Siempre tengo gula, no hambre.

LOS «TODO» Y LOS «NUNCA» SE PUEDEN ELIMINAR Y CAMBIAR POR PENSAMIENTOS MÁS POSITIVOS.

REFLEXIONA SOBRE TUS PENSAMIENTOS EXTREMISTAS, DETÉCTALOS Y ENTRENA TU MENTE PARA DESECHARLOS CUANDO APAREZCAN.

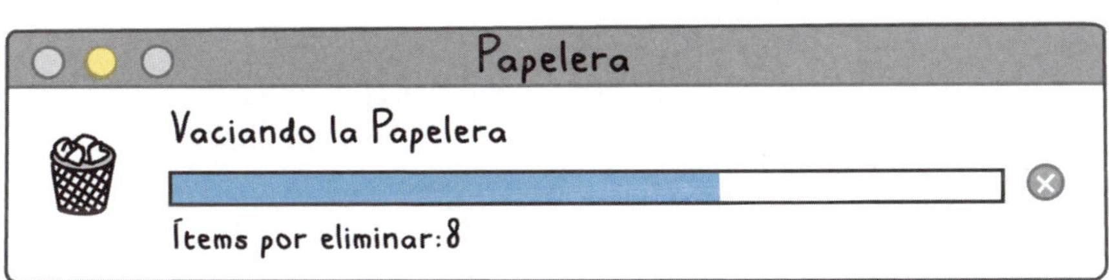

Con la llegada a España del "runnerboom" –léase el boom de salir a correr y participar en múltiples maratones, como si no hubiera un mañana–, otros ejercicios tradicionales, como salir a caminar, han quedado algo relegados, pero lo cierto es que los clásicos siempre vuelven.

1. FORTALECE EL CORAZÓN

Caminar minimiza el riesgo de padecer enfermedades del corazón y reduce los niveles de colesterol.

2. FORTALECE EL SISTEMA INMUNITARIO

Hay estudios que demuestran que caminar regularmente reduce el riesgo de padecer diabetes o asma.

3. AYUDA A MANTENER EL PESO IDEAL

Si estás inmersa en la "Operación Biquini", caminando a buen ritmo durante una hora quemarás trescientas calorías. Además, mejorarás el tono muscular y activarás el metabolismo.

4. TUS BRAZOS LO NOTARÁN

La velocidad se refleja en los brazos. Mantenlos a una altura cómoda, con el codo doblado, y balancéalos hacia atrás y hacia delante mientras caminas. Si aumentas la velocidad del balanceo, caminarás más rápido. Este movimiento tonifica tus brazos, tus hombros y la parte superior de la espalda.

5. TONIFICARÁS

Si lo único que consigues tonificar últimamente son las copas de ginebra los fines de semana, una buena caminata te ayudará a fortalecer y estilizar las piernas y definir los glúteos.

En Estados Unidos el fenómeno de andar se ha extendido como la corrupción en España y ya recibe el nombre de "power walking". Caminar es una de las maneras más sanas, baratas y fáciles de hacer ejercicio. Hacerlo a buen paso, durante una hora, es algo que está al alcance de todo el mundo si se está más o menos sano.

6. TE DA ENERGÍA

Caminar estimula la circulación sanguínea y aumenta la cantidad de oxígeno que llega a cada célula de tu cuerpo, haciendo que te sientas más despierta.

7. AUMENTA LOS NIVELES DE VITAMINA D

La vitamina D es un nutriente que nuestro cuerpo sintetiza gracias a la exposición al sol. Al salir a caminar al aire libre dejamos que este incida en nuestra piel, nos bronceamos de manera natural y aumentamos los niveles de vitamina D, imprescindible para la salud de los huesos y el sistema inmunitario.

8. CAMINAR INCREMENTA TU BIENESTAR

Como cualquier otro tipo de deporte, caminar incrementa el nivel de las endorfinas, nuestras ya conocidas y a menudo abandonadas hormonas de la felicidad.

LA RISA ES LA MEJOR TERAPIA

Comienzas una relación ilusionante y vas por la vida con una sonrisa perpetua, como la gemela buena del Joker. Reírse en el inicio de una relación es el mejor de los síntomas. A carcajada limpia. Reírse es beneficioso en cualquier momento de la vida, porque si ya te han quitado hasta lo "bailao", si tienes discusiones continuas en el trabajo, si ves cómo las injusticias prosperan a tu alrededor, siempre te quedará el refugio del humor. Si no nos reímos, como diría Camilo José Cela: "¿Qué nos queda?".

Además, reírse es literalmente sano. Sabemos que la risa puede hacer disminuir el estrés y, además, se asocia con una liberación de endorfinas, que potencian nuestro sistema inmunitario. No solo es beneficioso reírse de los demás, también es básico reírse de uno mismo. A menudo la mejor muestra de humor es aquel en el que se incluye un cierto grado de autocrítica. Si respondes a una amenaza o a un insulto con sentido del humor, desmontas sus argumentos.

POR ESO:

- Si estás en un momento bajo no te juntes con esas amigas tuyas candidatas a sentarse en el trono de Miss Drama. Hazlo con las divertidas, las de los linchamientos verbales terapéuticos, las de los bailes encima de la mesa del salón.

- Busca en YouTube el vídeo de un bebé riéndose. Si no te contagia la risa eres RoboCop.

- Métete en Twitter y disfruta con alguna agria polémica apoltronada en tu sofá de la indiferencia.

- Mira una comedia o cualquier película sin pretensiones que te haga pasar un buen rato.

- Haz un curso de risoterapia.

CREENCIAS IRRACIONALES QUE PODEMOS CAMBIAR

Albert Ellis, el creador de la terapia racional emotiva conductual, identificó cuatro tipos de creencias irracionales que nos amargan la vida. Son ideas preconcebidas que damos por ciertas y condicionan toda nuestra existencia; si las analizamos racionalmente, sin embargo, nos percatamos de que no son en absoluto verdaderas.

• OBLIGACIONES:

Son las más habituales. Los "tengo que", los "necesito" o los "debería" que pasan por nuestro cerebro a lo largo del día. Lo explicábamos en la introducción: tienes tendencia a pensar que tienes que hacer de todo, o que deberías estar haciendo otra cosa cuando ya estás haciendo algo. Nos creemos Clark Kent y en lo único que nos parecemos a él es en las gafas de pasta.

• PEOR QUE MALO:

Es cuando definimos algo como terrible, horroroso, insoportable... Cuando por nuestra mente pasan más adjetivos apocalípticos para definir un problema cotidiano que los que aparecen en un telediario de Pedro Piqueras.

• BAJA TOLERANCIA A LA FRUSTRACIÓN:

También conocido como "No podré soportarlo". Este pensamiento, además de antes de una clase del gimnasio, nos sobreviene cuando algo en nuestra vida se tuerce. Por ejemplo: "Si mi novio me deja no podré soportarlo".

• ACEPTACIÓN CONDICIONAL:

Infravalorarse. Nos definimos a nosotras mismas mediante una sola cosa. Por ejemplo: "Soy una fracasada".

TODOS ESTOS PENSAMIENTOS PUEDEN SUSTITUIRSE POR

CREENCIAS RACIONALES

Preferencias:

En lugar de "obligar", "preferir" es una actitud mucho más útil en la vida. Por ejemplo: "Me gustaría no tener que trabajar el domingo y poder ir a ese picnic, pero bueno... otra vez será. O también puedo ir al picnic y madrugar un poco más para terminar el trabajo".

Nada es terrible:

El mundo no se va a acabar porque no hayas terminado ese informe a tiempo, porque se te haya desteñido tu jersey favorito o porque esa entrevista de trabajo haya ido mal.

Alta tolerancia a la frustración:

Normalmente nos decimos que no podremos soportar algo cuando en realidad lo que pasa es que no nos gusta: "Creo que voy a agonizar en spinning pero cuando termine la clase me sentiré mejor conmigo misma", "Si mi novio me dejara no me gustaría, pero claro que podría soportarlo".

Aceptación incondicional de una misma:

Somos demasiado poliédricas y complejas como para definirnos con un solo adjetivo. Si fracasamos en algo, no significa, ni de lejos, que seamos unas fracasadas.

Identificar pensamientos, sentimientos y conductas negativas

Este ejercicio te ayudará a descubrir cuáles son los pensamientos y las actitudes de tu vida que te amargan la existencia y te dificultan la resolución de los problemas.

Piensa en algún acontecimiento que te haya alterado especialmente en los últimos días. Describe la situación.

....

....

....

....

¿Cuándo ocurrió? ¿Qué más estaba ocurriendo? Describe el contexto de la situación.

....

....

....

....

¿Es algo que te ocurre a menudo? Describe otros momentos en que te haya sucedido lo mismo.

....

....

....

....

¿Qué persona o personas están directamente relacionadas con esa situación?

....

....

....

....

¿Qué pensamientos o ideas pasaron por tu cabeza en ese momento? ¿Qué es exactamente lo que te alteraba? Si el pensamiento era una pregunta o una duda, intenta contestarla.

....

....

....

....

¿Qué emociones negativas sentiste? (Por ejemplo, rabia, ansiedad, enfado, tristeza, frustración, culpa, vergüenza...)

....

....

....

....

¿Cuáles fueron tus sensaciones corporales?

....

....

....

....

Por ejemplo, cuando sentimos rabia o ansiedad nuestro corazón se acelera, podemos tener palpitaciones, dificultad para respirar, calor o tensión muscular. Es una reacción natural del cuerpo ante el estrés, la respuesta de "lucha o huida" que nuestro cerebro emite ante un peligro o una amenaza. El cuerpo no sabe diferenciar entre un peligro real y uno que tu antagonista interior se ha imaginado (e inventado), así que la alarma se dispara inconscientemente.

¿Qué hiciste después? ¿Qué es lo que no hiciste? ¿Cómo te enfrentaste a esas situaciones?

....

....

....

....

....

....

....

....

....

....

Por ejemplo, es posible que si sentiste ansiedad te encerraras en ti misma. O puede que cancelases una cita porque lo único que te apetecía hacer era ver el programa con menos pretensiones intelectuales de la televisión y acabar con todas las existencias de la pizzería que sirve a domicilio más cercana a tu piso. Este ejercicio te ayudará a ser consciente del círculo vicioso en el que te sitúan tus pensamientos negativos y te impulsará a cambiarlos.

APRENDE A RESPIRAR

El acto involuntario de respirar muchas veces se ve afectado en momentos de estrés emocional. El ritmo de nuestra respiración se acelera, transpiramos y nuestros músculos se tensan. Si este proceso se prolonga en el tiempo, el sistema nervioso se sobreestimula y se produce un desequilibrio que puede afectar a nuestra salud, por lo que aparecen inflamaciones, hipertensión o dolor muscular.

La respiración puede utilizarse para influir directamente sobre esos factores de estrés, estimulando al sistema nervioso parasimpático, relajándonos y actuando sobre los susodichos síntomas del estrés. Porque podemos entrenar la respiración, al igual que preparas un examen o la media maratón de tu pueblo. Practica este ejercicio siempre que respires con dificultad, cuando estés estresada, no puedas dormir o cuando sufras algún dolor:

- Pon una mano sobre tu pecho y la otra sobre tu abdomen. Cuando respires profundamente, la mano del abdomen debe subir más que la que tienes sobre el pecho. Esto garantiza que el diafragma está empujando el aire hacia los pulmones.

- Espira por la boca, inspira lentamente por la nariz imaginando que te está entrando todo el aire de la habitación y contén la respiración contando hasta 7 (o hasta donde puedas, nunca más de 7).

- Espira lentamente por la boca contando hasta 8. Mientras el aire sale lentamente, contrae con suavidad tus músculos abdominales para liberar todo el aire que quede en los pulmones. Es importante recordar que la respiración se hace más profunda cuando exhalamos el aire totalmente, no cuando inhalamos más.

- Repite el ciclo cuatro veces más hasta un total de cinco respiraciones profundas. Después intenta respirar a un ritmo de una respiración cada 10 segundos (o seis respiraciones por minuto). Este ejercicio es bueno para tu corazón.

Vengo a decirte que todas las distorsiones que se citaban anteriormente son reales, todas se ajustan a la realidad. Los consejos antes descritos son inútiles y eres consciente de ello.

¡TÚ HAZME CASO A MÍ!

PIENSA EN TÉRMINOS DE TODO O NADA.

Nunca adelgazarás. Hazte a la idea, eso es así. ¿De verdad te crees que vas a terminar esa dieta? Ay, alma de cántaro, si vas a dieta por mes.

GENERALIZAR ES POSITIVO.

Si todos tus novios te dejan, será por algo. Además, por pura estadística, las posibilidades de encontrar a alguien que te quiera de verdad son mínimas. Todos a tu alrededor ya tienen pareja o son gays. Como bien dice el libro *El arte de amargarse la vida*: "Lo más práctico es, en definitiva, enamorarse desesperadamente de una persona casada, de un cura, de una estrella de cine o de una cantante de ópera. De este modo uno viaja lleno de esperanza sin llegar nunca. Y, además, se ahorra la desilusión de tener que comprobar que el otro puede estar dispuesto a la relación, con lo que inmediatamente se convertiría en indeseable". Pues ya sabes.

MIRAR LA VIDA CON FILTROS NEGATIVOS ES MÁS REALISTA.

No sé para qué te planteas hacer un curso de informática, si no es lo tuyo. Sigue explotando a tu amigo informático: es mucho más fácil.

PIENSA MAL Y ACERTARÁS.

Así que ayer salieron tus amigas sin avisarte... ¿Que igual pensaban que ya tenías planes y que por eso no te dijeron nada? Sí, ya, es lo más probable. También es probable que hayan creado un grupo de Whatsapp en el que no estás y te estén poniendo verde.

LET'S DANCE!

Tom Cruise se contonea en camisa rosa, calzoncillos y calcetines blancos en el salón de su casa mientras suena *Old Time Rock and Roll*, en un baile frenético de libertad y lascivia. Es una de las escenas más memorables de *Risky Business* (1983), y una escena que seguro has reproducido en tu casa más de una vez. Si nunca lo has hecho no sé a qué esperas:

BAILAR TAMBIÉN ESTIMULA LA PRODUCCIÓN DE DE ENDORFINAS EN EL CUERPO

(nuestras ya mentadas hormonas de la felicidad)

Es positivo para tu salud emocional, para mejorar la autoestima y, además, si te apuntas a clases, compartirás la experiencia con otras personas. Debes saber que la danza clásica es uno de los ejercicios más completos para quemar calorías y fortalecer tu cuerpo.

Pero si la flexibilidad no es lo tuyo puedes optar por las danzas africanas, un gran ejercicio cardiovascular; el flamenco, con el que se ejercita todo el cuerpo; el hip hop, que además favorece la improvisación; o la salsa, un ejercicio aeróbico de alto impacto. Recuerda que bailando puedes quemar entre 400 y 500 calorías en una hora.

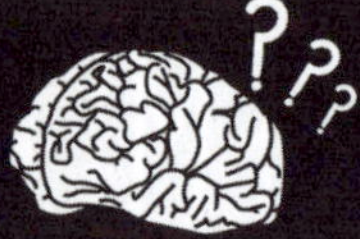

CÓMO FUNCIONA LA ATENCIÓN

Parece una verdad de Perogrullo, pero estudios científicos han llegado a la conclusión de que nuestro cerebro tiene predilección para aprender si los estímulos que recibe son interesantes. Si algo no te interesa, como esos apuntes, lo normal es que prestes más atención a cualquier nimiedad (por ejemplo, comprobar cómo tienes las puntas).

- Por naturaleza, prestamos atención a las emociones, a las amenazas o al sexo. En concreto a cuestiones como: "¿Se puede comer?" "¿Me puede comer?" "¿Puedo tener sexo con él?" "¿Tendrá sexo conmigo?" "¿Lo he visto antes?".

- El cerebro es incapaz de prestar atención a varias cosas a la vez. Sí, podemos enviar un correo electrónico mientras nos llegan notificaciones a Facebook, captamos la enésima vibración de Whatsapp, nuestro jefe nos llama desde su despacho y nos percatamos de que el café se nos está quedando frío. Pero las posibilidades de equivocarse aumentan notablemente, así como el tiempo dedicado a la tarea. Quién sabe si terminarás publicando en Facebook el resultado del balance fiscal de tu empresa o removiendo el azúcar del café con el teléfono móvil.

- Conducir mientras hablas por el móvil es como haberse tomado cuatro cervezas antes de subirse al coche. El cerebro tarda varias fracciones de segundo en darse cuenta de que ha cambiado de actividad. Por eso los que hablan por teléfono móvil tienen la mitad de reflejos que los que solo prestan atención a la carretera.

ESOS PEQUEÑOS MOMENTOS QUE TE HACEN DISFRUTAR

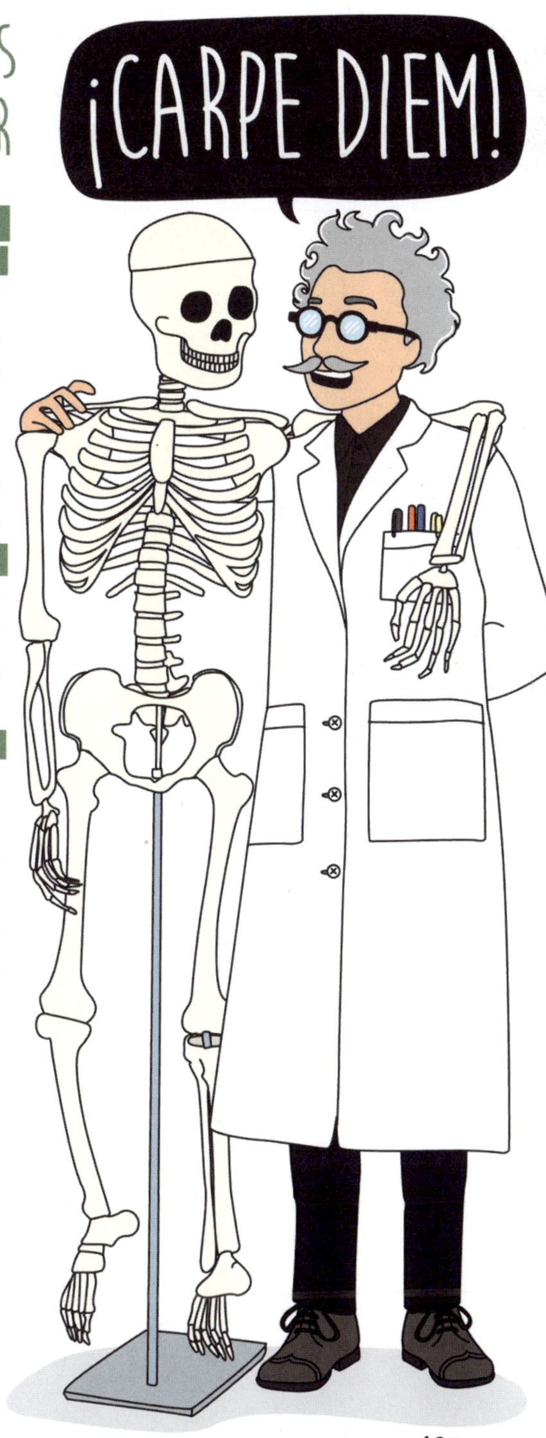

Los neurocientíficos afirman que "las neuronas que piensan igual se interconectan". Esto significa que si empezamos a tener pensamientos más positivos, toda la fisiología de nuestro cerebro puede cambiar.

Aunque es muy difícil aislarse de la realidad y no escuchar las malas noticias, podemos entrenar a nuestro cerebro para que, cada vez que aparezca algo positivo en ti o en tu entorno que te emocione o que te haga sentir bien, lo detecte automáticamente y atrape esa sensación positiva.

Puede ser un pensamiento tan simple como "Me encanta el olor del café recién hecho", o "¡Oh, sí: me he levantado una hora antes de que suene la alarma y todavía me queda una hora de sueño".

"Si empezamos a tener pensamientos más positivos toda la fisiología de nuestro cerebro puede cambiar."

DÍA 5

VIERNES

APRENDER

Todos estamos compuestos por aspectos externos e internos. Pero párate a pensar: ¿cuántas horas al día dedicas a lo externo, especialmente a lo que nos muestra el espejo, y cuántas a lo interno?, ¿cuántas veces te has parado a meditar en los últimos, digamos, veinte años? La meditación es una vía para prestar atención a nuestro interior. Estamos tan pendientes del mundo exterior que nos olvidamos de lo que hay dentro de nosotras. Meditando nos ponemos en contacto con nuestro "ser", con nuestra mente.

A MEDITAR

PONTE CÓMODA. SIÉNTATE EN UN LUGAR QUE TAMBIÉN LO SEA Y ALÉJATE DE LAS DISTRACCIONES. RESPIRA PROFUNDAMENTE Y PON TODA TU ATENCIÓN EN RELAJARTE DURANTE UNOS MINUTOS, EN ENCONTRAR LA TRANQUILIDAD. CIERRA LOS OJOS Y LA BOCA. RESPIRA NORMALMENTE POR LA NARIZ.

LA INTENCIÓN DE ESTE EJERCICIO ES QUE PRESTES ATENCIÓN A TU INTERIOR, TE ALEJES DEL MUNDO EXTERNO Y ENCUENTRES LA PAZ DURANTE UNOS MINUTOS

Vas a concentrarte en tu respiración. Observa cada inhalación y exhalación. Dirige el aire hacia tu abdomen. Relájate.

Sigue concentrando tu atención en tu respiración. Siente el aire entrar y salir. Los pensamientos acudirán a tu mente. No se trata de impedir que aparezcan, sino de dejarlos pasar, observarlos como si fueran algo externo a ti. Imagina que son nubes que surcan el cielo. Concéntrate en tu respiración.

Ahora dirige tu atención hacia tu mente. Escucha el silencio, siente la tranquilidad. Es posible que aún aparezca algún pensamiento, como que tienes que tender la ropa, ducharte antes de cenar y preparar la comida para llevar al día siguiente al trabajo. No fuerces nada, déjalo pasar. Siente el silencio y disfrútalo. Si los pensamientos vuelven a asaltarte, dirige de nuevo tu atención hacia tu respiración.

CUANTO MÁS PRACTIQUES, MENOS TE ASALTARÁN LOS PENSAMIENTOS.

Observa lo que te ocurre cuando aparecen, como si fueras una espectadora. No juzgues tus sensaciones ni tus emociones, simplemente sé testigo y toma conciencia de ellas.

Si sientes algún dolor o molestia durante la meditación, cambia de postura o aflójate la ropa para volver a estar cómoda. Haz todo lo que necesites para estar relajada y tranquila.

Puedes hacer este ejercicio por la mañana, cuando te levantes, o por la noche, antes de acostarte. Pero si decides esto último recuerda que no se trata de quedarse dormida sentada, sino de prestar atención, por primera vez en mucho tiempo, a tu interior.

LOS CEREBROS ESTRESADOS NO APRENDEN

• Tu cerebro está diseñado para soportar estrés durante treinta segundos como máximo.

Cuando a nuestros antepasados los perseguía un animal, la capacidad de reacción del cerebro debía ser rápida: o se libraban de él o se los comía. No existían efectos especiales, ni casillas de salida como en *Jumanji*. En la actualidad si tienes que aguantar a otro tipo de animales que te persiguen y te tratan de "comer", como tu jefe/a, compañeros/as de trabajo o incluso tu pareja durante años, tu cerebro puede llegar a colapsarse.

• El estrés perjudica las capacidades cognitivas, la memoria y las habilidades.

También puede afectar a nuestro movimiento. Cuando estamos estresados durante un período largo de tiempo, provocamos que nuestro sistema inmunitario se debilite. También es responsable de la falta de sueños y la aparición de pensamientos negativos.

• Solo tienes un cerebro.

Sería maravilloso tener cerebros de repuesto en el armario o en el mueble del baño, junto a los medicamentos. Pero, por desgracia, sigue siendo científicamente imposible. Por tanto, el cerebro estresado que tienes en el trabajo te lo llevarás a casa, y viceversa. Y el estrés que hayas vivido en casa es común que te afecte a nivel laboral.

EMPIEZA YA A CAMBIAR TUS MALOS HÁBITOS

Hemos visto que los pensamientos nos conducen a tener sentimientos que nos llevan a comportarnos de determinadas maneras. Es decir, muchas veces los pensamientos negativos hacen que tengamos sentimientos que nos llevan a adoptar determinadas actitudes. A todos nos ha pasado, por ejemplo, decir cosas en caliente ("caliente", nivel café templado de un bar) que en realidad no pensamos y de las que luego nos arrepentimos. Este círculo vicioso puede romperse actuando sobre cualquiera de las tres fases: el pensamiento, el sentimiento y el comportamiento.

Vamos a empezar haciéndolo por el final. Para ello vamos a remontarnos al ejercicio del día 3 sobre acontecimientos que te hayan alterado los últimos días y provocado reacciones negativas. La última pregunta era: ¿qué hiciste después? Esa es la tercera fase de tu círculo vicioso.

A menudo reaccionamos automáticamente, sin considerar las consecuencias de nuestras acciones. En el caso concreto de tu ejercicio, hazte las siguientes preguntas:

- ¿Tu reacción te ayudó a sentirte mejor?
- ¿Qué es lo que evitaste hacer?
- ¿Tuviste una reacción automática o te paraste a pensar un poco?
- ¿Cuáles fueron las consecuencias de lo que hiciste?
- Más tarde, ¿te sentiste mejor o peor por ese comportamiento?
- ¿Podrías haber actuado de otra manera? ¿Cómo?
- ¿Cuáles crees que habrían sido las consecuencias de haber actuado de ese otro modo?

Hay que aprender a enfrentarse a las situaciones que nos alteran manteniendo la calma. Sabemos que es difícil mantener la sangre fría en situaciones de estrés y solemos reaccionar como una olla a presión. Pero inténtalo. Tómate unos minutos para observar la situación desde fuera y decidir cómo actuar o incluso, para optar por no hacer nada en absoluto. En ese momento debes hacerte las siguientes preguntas:

Cuando algo te sobrepasa o tienes una crisis emocional transitoria es mejor retirar los tanques de guerra y realizar este tipo de acciones:

- Rompe tu rutina. Vamos, sal de casa con lo puesto (y las llaves).

- Ponte a caminar, hacia donde la música te lleve.

- Puedes meditar o respirar como ya te hemos enseñado.

- Y, por supuesto, puedes bailar.

- Queda con ese amigo-catalizador-de-momentos-de-estrés. Todos tenemos un amigo que es nuestro saco de boxeo, que suscita nuestra catarsis sentimental. Sea lo que sea no te aísles. Habla con familiares, amigos (presenciales o virtuales) e, incluso con la función Siri de tu smartphone. Pero comparte lo que te preocupa.

- Cómprate ese libro, ese disco, esa entrada para ese concierto o ese vestido que llevas semanas queriendo. Vamos, date un capricho.

- Si no eres muy partidaria de hablar en momentos de crisis, escribe lo que sientes.

- Y, sobre todo, ten pensamientos positivos. Envíate este mensaje a ti misma, que además no tiene costes de envío: "Esto pasará, solo es temporal. Ya he pasado por esto antes, puedo hacerlo ahora. No se acaba el mundo. Mañana será otro día. Que se preparen los Rafael, Miguel Ángel y compañía, porque lo mío sí que va a ser el Renacimiento".

CAMARERO, ¡UNA DE ABDOMINALES!

Los abdominales inferiores son una de las zonas del cuerpo más difíciles de ejercitar y de definir. Seguro que estás pensando: "Créeme, LO SÉ". Cabe la posibilidad de que lleves intentando tonificarlos, con mayor o menor éxito, desde hace años. Crees que es tu batalla perdida. Tu particular Crisis del 98.

Una de las mejores maneras de conseguirlo es elevando las piernas, pero hay que cuidar muy bien la postura y, sobre todo, ser perseverante para obtener buenos resultados. Lo bueno de los abdominales (sí, hay cosas buenas) es que se pueden hacer en casa y sin ocupar mucho espacio. Vamos a hacer varios ejercicios:

RODILLAS AL MENTÓN:

Con este ejercicio fortalecerás los músculos del vientre. También es eficaz para tonificar la parte inferior del estómago.

• Túmbate en el suelo sobre una esterilla con los brazos estirados a ambos lados del cuerpo, y dobla las rodillas. Asegúrate de que tu espalda esté completamente en contacto con el suelo, y no levantes la cabeza. Balancea las piernas hacia atrás, en dirección a tu mentón, con lentitud.

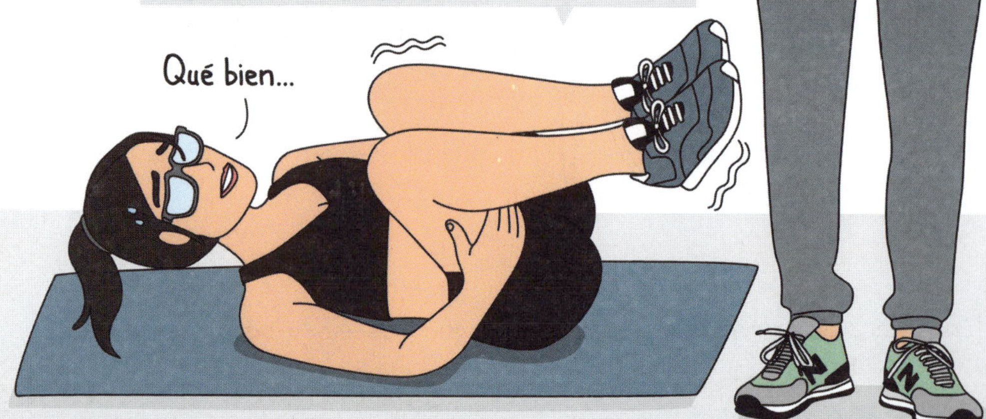

BICICLETA:

• Túmbate en el suelo sobre una esterilla, con las piernas estiradas, observando que toda tu columna esté en contacto con la superficie. Levanta las piernas formando un ángulo de unos 45 grados. Coloca las manos bajo la nuca y levanta la cabeza. Dobla la pierna derecha, al mismo tiempo que llevas el codo izquierdo hacia la rodilla. Cuando estires la pierna derecha, dobla la izquierda repitiendo el movimiento hacia el codo derecho. El ejercicio debe ser fluido, como si fueras en bicicleta.

MOUNTAIN CLIMBERS

Este es un ejercicio eficaz para fortalecer las piernas y el abdomen, así como para mejorar la coordinación y tonificar los glúteos.

• Sobre una esterilla o en el suelo, colócate boca abajo con las manos a la altura del pecho. Apoyándote sobre las puntas de los pies, levanta el cuerpo sobre tus manos, estirando los brazos. Adelanta la pierna derecha, doblando la rodilla, como si fueras a empezar a correr. Con un pequeño impulso, estira de nuevo la pierna adelantando la izquierda.

Es el domingo el día por antonomasia de la autotortura. Los domingos son como el último día de las vacaciones de verano. Esa sensación de no poder disfrutar del todo porque sabes que va a ser un goce efímero. Es el domingo el día nostálgico por excelencia, con el soniquete de los programas deportivos de fondo, con las continuas visitas contemplativas a la nevera, con el fantasma del lunes asomando por la mirilla de la puerta y con todos esos pensamientos de más.

¡SIN DUDA, MI DÍA FAVORITO!

En el ejercicio que hiciste el día 3, identificaste el modo en que tus pensamientos afectan a tus sentimientos y tus acciones. Tendemos a pensar que no podemos cambiar nuestros pensamientos ni tenemos control sobre ellos.

NO PODEMOS DEJAR DE PENSAR, PERO SÍ PODEMOS ELEGIR CÓMO REACCIONAR ANTE NUESTROS PENSAMIENTOS

(especialmente si son negativos).

Viktor Frankl, autor del libro *El hombre en busca de sentido*, asegura que «Todo puede serle arrebatado a un hombre, menos la última de las libertades humanas: elegir su actitud en una serie dada de circunstancias, elegir su propio camino. ¿No podemos cambiar la situación? Si no está en tus manos cambiar una situación que te produce dolor, siempre podrás escoger la actitud con la que afrontes ese sufrimiento».

Todos los pensamientos dañinos que aparecen en nuestra mente son fruto de nuestra maltratadora interior, nuestra antagonista. Sus mensajes van a seguir llegando, como los de tu compañía teléfonica. Pero existen tres opciones a la hora de actuar frente a ella:

1. CREERNOS LO QUE DICE

Nos afectará emocionalmente, nos enfadará, nos amargará. Los sentimientos aparecen de manera automática cuando ella se manifiesta. Como ve que le hacemos caso, ella sigue insistiendo.

2. CONTESTARLE

Sabemos que lo que dice no es verdad. Podemos desafiarla demostrándole que sus teorías no son ciertas. Desde la razón, analizamos el pensamiento y lo comparamos con la realidad.

3. IGNORARLA

Nos damos cuenta de que solo son eso, pensamientos. Hay cosas más interesantes en mi vida que tú, querida antagonista.

LA MEMORIA FUNCIONA A BASE DE REPETIR

El cerebro humano solo puede recordar siete unidades de información en menos de treinta segundos. Esto significa que tu cerebro solo puede recordar un número de teléfono de siete dígitos que te han dicho una sola vez durante medio minuto. Posteriormente seguro que lo olvidarás. Si quieres retenerlo durante cinco minutos o una hora o dos, tendrás que repetirte varias veces la información.

A muchas personas les cuesta recordar los nombres. Si te han presentado a alguien en una fiesta, puede ser útil que te repitas interiormente datos sobre esa persona para recordar cómo se llama. Por ejemplo: "Se llama Carlos, es moreno, y se ha peinado con una excavadora llena de gomina". O "Se llama Luis, es el hermano de mi jefe y lleva un jersey de lana que le ha tejido su abuela". Aunque parezca una tontería, los estudios científicos demuestran que funciona.

Para consolidar un recuerdo hacen falta años. Lo que aprendiste en segundo de primaria no llega a consolidarse hasta que terminas el bachillerato. Y por el camino es probable que hayas perdido mucha información.

Exponerse repetidamente a una información ayuda a que esta se fije en la memoria. Por eso escribes tu clave del banco o tu código de desbloqueo del móvil de forma automática (aunque a veces dudes mucho).

El cerebro olvida por necesidad, para poder ocuparse de las cosas realmente importantes. Pero si quieres recordar algo, ya sabes, acuérdate de repetirlo.

Paseo de domingo

Hoy vas a hacer lo que te apetezca con una única condición: ponerte en posición vertical y salir del agujero negro de tu casa. Si es verano y hace calor, ¿por qué no vas a la piscina o a la playa? Si es otoño o invierno, quizá sea buena idea salir de la ciudad, desintoxicarte de la contaminación y caminar por el campo. Si no dispones de medios de transporte, seguro que hay un parque cerca de tu casa en el que poder tirarte a la bartola. Sea lo que sea, intenta hacer algo que vayas a disfrutar y, sobre todo, desconectar.

SEMANA 2

SEMANA 2

DÍA 1

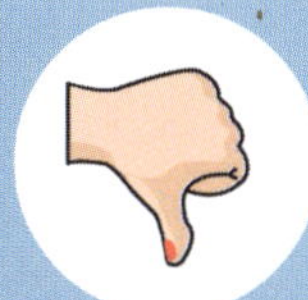

Piensa mal y (seguramente) no acertarás.

Si Mahoma no va a la montaña, tú tampoco hagas una montaña de tus problemas.

Empieza por re- y termina por -lax.

DÍA 2

Lección 1 de "Barrio Sésamo": distinguir un hecho de una opinión.

Más vitamina B12 y menos snacks de la máquina de tu empresa.

DÍA 3

(ALERTA, FRASE PELICULERA) ¡¡No es lo que parece!!

Vamos a ejercitar los brazos. Y no solo para hacerte selfies o alcanzar el mando.

¿Dirías que te conoces?

DÍA 4

Maltratadora interior, tienes derecho a permanecer en silencio.

Te enseñamos una pequeña rutina de ejercicios para adelgazar (o intentarlo).

Mímate.

DÍA 5

Y saludo al sol tras despertarse. ¡Que ya es viernes!

Pensamientos positivos con los que despertarse. 1, 2, 3, responda otra vez.

Sentirse atractiva es fundamental para estarlo.

DÍA 6

Siempre es preferible que te lo den, pero el automasaje también funciona.

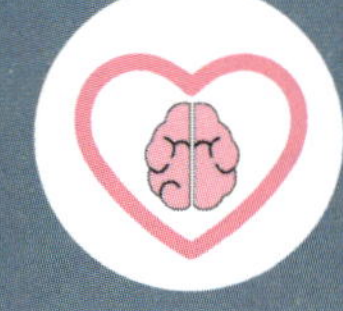

La importancia de la inteligencia emocional.

DÍA 7

¿Estás atenta? Deberás estarlo para practicar el mindfulness.

¿Sabes que el incienso combate la ansiedad?, ¿Y el azahar propicia el descanso?

Pensamientos de tu antagonista que debes vencer.

LOS PENSAMIENTOS AUTOMÁTICOS

Nuestros pensamientos nos ayudan a interpretar el mundo que nos rodea, describiendo lo que sucede e intentando darle un sentido a eso que nos dijeron, eso que vimos o eso otro que escuchamos agudizando el oído desde el baño.

Sin darnos cuenta, le damos significado a todo lo que sucede a nuestro alrededor, decidiendo si nos gusta o no, si es bueno o malo, si es peligroso o seguro, si es divertido o aburrido. **Lo hacemos basándonos en nuestra experiencia, nuestra educación o nuestros valores.**

Así, cuando algo sucede, aparece también un pensamiento que nos conduce a una emoción determinada de manera automática. Cuanto más se repite ese pensamiento automático, más lo creemos. Los pensamientos se enraízan así como una planta trepadora.

- La costumbre de pensar mal.

> Los malos pensamientos son como esos dos kilitos de más: una vez establecidos resulta bastante complicado deshacerse de ellos.

Pero cuando conseguimos identificar nuestros malos pensamientos, podemos ver la situación desde otra perspectiva y ser más realistas.

FILTROS MENTALES

Tenemos incorporado el Photoshop 1.0 de la negatividad. Todo lo que pasa por él se convierte en una tragedia.

JUZGAR

Juzgar es gratis (todavía). Quizá por ello nos encanta juzgar todo lo que nos rodea y emitir juicios de valor sin a veces conocer cuál es la realidad. Y, además, gracias a Internet lo tenemos más fácil: podemos juzgar sin movernos del sofá.

LEER LA MENTE DE LOS DEMÁS

Todavía no tenemos el don de Mel Gibson en *¿En qué piensan las mujeres?* pero no nos hace falta: intuimos o, mejor dicho, sabemos a ciencia cierta que están pensando mal de nosotras.

RAZONAR DESDE LAS EMOCIONES

Tomamos decisiones en caliente. Contestamos en caliente. Hacemos llamadas que no deberíamos hacer en caliente.

PREDECIR EL FUTURO

–Espejito, espejito, si le pido un aumento de sueldo a mi jefe, me va a mandar a freír espárragos, ¿verdad?
–Correcto.
–Pues ni lo intento.

MONTAÑAS DE ARENA

Montañas de arena del tamaño del Everest. Exageramos los riesgos y las cosas negativas que nos suceden. O, por el contrario, damos poca importancia a cosas positivas. "He encontrado trabajo, pero tampoco te creas que es el puesto de mi vida y, encima, tengo un horario malísimo."

COMPARAR

Vemos solo las cosas buenas de los demás y, claro, a nuestro lado todos son eminencias o supermodelos, como mínimo.

SER CATASTROFISTA

Porque el pesimismo se queda corto.

CRITICARNOS A NOSOTRAS MISMAS

Nos culpamos por cosas que no son nuestra responsabilidad.

PENSAR QUE «DEBERÍA» Y «TENGO QUE»

Y, por tanto, presionarnos enormemente. Porque si no hacemos eso que "deberíamos" o "tenemos que" es posible que el mundo deje de girar.

DAR DEMASIADA IMPORTANCIA A LOS RECUERDOS

"Si él me fue infiel, mi nueva pareja volverá a serlo antes o después. No me fío."

PENSAR EN BLANCO Y NEGRO

Creemos que algo o alguien solo puede ser bueno o malo, y olvidamos que existen multitud de tonalidades intermedias.

*Actitud que resume todo lo anterior.

¿?

PARA CORREGIR ESTOS MALOS HÁBITOS DEL PENSAMIENTO PREGÚNTATE:

Filtros mentales

¿Estoy viendo solo el lado malo de la realidad?, ¿suceden cosas buenas a mi alrededor y paso de ellas olímpicamente?

Leer la mente de los demás

¿Me lo han dicho directamente o me lo estoy inventando?, ¿es posible que sea demasiado imaginativa?

Predecir el futuro

¿En qué me baso para pensar que eso va a suceder?, ¿qué probabilidades reales hay de que eso que yo creo vaya a pasar?

Compararse

¿Estoy comparándome constantemente con los demás para demostrarme que soy inferior?, ¿estoy siendo realista con estas comparaciones?

Criticarse a una misma

Las personas que me conocen, ¿opinan igual que mi "maltratadora interior"?

"Debería" y "tengo que"

¿Me presiono a mí misma imponiéndome obligaciones urgentes?

Juzgar

¿Podría valorar o juzgar a esa persona o situación desde otra perspectiva?

Razonar desde las emociones

Si me hace o me hizo sentir mal una vez, ¿eso significa que es malo o que siempre va a actuar así?

Montañas y granos de arena

¿Estoy exagerando las cosas negativas y minimizando las evidencias de que también pasan cosas buenas a mi alrededor?

Ser catastrofista

¿Es el futuro tan negro como me lo imagino o en el mapa meteorológico también aparecen colores cálidos?

Pensar en blanco y negro

¿Existe algún tipo de gris respecto a esa persona o situación?

Creer que los recuerdos se van a repetir

¿Puedo darle al "pause" y evitar que ocurra?, ¿es realista que piense así?

¿Es un hecho o una opinión?

Parece de primero de "Barrio Sésamo" pero a veces se nos olvida. Una forma muy eficaz de detectar los mensajes falsos que nos envía nuestra maltratadora interior es preguntarse si su mensaje es un hecho o una opinión. Véase:

Me ha tirado el café encima.

Seguro que lo ha hecho a propósito. Y encima pide perdón por cumplir...

HECHO

- Algo que los del "CSI" o tú misma podrías demostrar con pruebas.
- Algo indiscutible.
- Algo que se puede comprender desde el pensamiento racional.

OPINIÓN

- Algo basado en una creencia o una visión subjetiva de la realidad.
- Algo que cambia según la persona.
- Algo que normalmente se refuerza con una emoción.

Cuando estamos estresados nuestras emociones y nuestras opiniones van de la mano; y se crea la pescadilla mental que se muerde la cola: nuestras emociones refuerzan a nuestras opiniones que, a su vez, las intensifican. Esto nos lleva a realizar actos impulsivos y, en muchos casos, contraproducentes. Cuando nos damos cuenta de que la mayoría de nuestros pensamientos son opiniones y no hechos, nos resulta más fácil dejar de confiar en ellos y tomar decisiones con calma.

ALIMENTOS QUE MEJORAN EL ÁNIMO y tu nevera

Ácido fólico

Se encuentra en el hígado, las verduras, los cítricos, las legumbres y la levadura de cerveza (ya tienes una excusa para esas cañas de más). La falta de esta vitamina puede producir cansancio, confusión e irritabilidad.

Hierro

Está presente en las carnes rojas, la fruta desecada, las lentejas y las verduras de hoja verde. La falta de hierro comporta fatiga, irritabilidad, apatía, dificultad para concentrarse y síntomas de depresión.

Está en las carnes, el salmón, el bacalao, la leche, el queso, los huevos y la levadura. La falta de esta vitamina produce pérdida de memoria y depresión.

Omega 3

Está en el pescado azul (ya tienes excusa para esa pasta con atún de los domingos) y es esencial para el buen funcionamiento del cerebro. La falta de omega 3 está relacionada con la depresión y la ansiedad.

Vitamina B12

Zinc

Está presente en la carne, los moluscos, la leche y los lácteos, el pan, los cereales integrales y el germen de trigo.

Selenio

Además de en la tabla periódica, está presente en las pacanas, el pescado, la carne y los huevos. Es un gran regulador del estado de ánimo.

Vitamina C

Está en grandes cantidades en los pimientos, los cítricos, las coles de Bruselas, el brécol, los boniatos, los tomates y los kiwis. Mejora el ánimo, especialmente el de tu madre si te has bebido entero ese zumo de naranja en el desayuno.

ALIMENTOS QUE PARECEN BUENA IDEA... pero no

En el extremo contrario hay una serie de productos que pueden influir de forma negativa sobre nuestro estado de ánimo, como, por ejemplo:

El alcohol

Curiosamente, el alcohol es una sustancia depresiva, aunque lo tomemos para venirnos arriba y muchas veces lo consigamos. No es recomendable ni para el hígado ni para el corazón. Tampoco hace falta que te lo recuerde, ya lo hace esa resaca.

Los refrescos y gaseosas

Son malos para los dientes y peores aún para la presión sanguínea.

Los snacks de bolsa

Nuestros queridos snacks de la máquina del trabajo. La mayoría rebosan de grasas saturadas, sal y azúcar. "Laysabemos" pero, aun así, los comemos.

Los platos precocinados

Es el recurso fácil cuando el trabajo no nos deja tiempo ni para respirar. Esa lasaña precocinada que tantas veces nos ha salvado la vida. Ese salmorejo de supermercado al que recurres para una cena improvisada con tus amigos. "Uy, sí, la verdad es que me queda muy rico. ¿Que qué le he echado? Pues, lo normal... tomates... " Pero la cocina casera está libre de conservantes y aditivos, amén de azúcar, sal y grasas hidrogenadas.

La cafeína

Si no eres capaz de mantenerte despierto sin una taza (o dos, o tres, o cinco), quizá tengas un pequeño problema de adicción. El abuso puede producir desajustes en el sueño y nerviosismo. Procura sustituirlo por bebidas más sanas, como infusiones o el café de cereales.

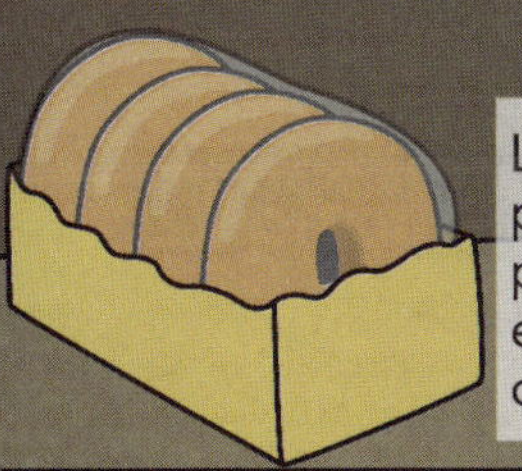

Alimentos con un alto índice glucémico

Las patatas, los dulces, al contener muchos hidratos de carbono, provocan que el nivel de azúcar en la sangre aumente rápidamente, pero también que baje de la misma forma. Por tanto, pasamos de estar saciadas e hiperactivas a tener un hambre que solo saciaremos con un banquete del estilo de los de Nochevieja.

A VECES EL ÁRBOL NO TE DEJA VER EL BOSQUE

(ni muchas otras cosas)

La escritora Anaïs Nin escribió en una ocasión que "no vemos las cosas tal como son, las vemos como somos nosotros". Lo hacemos porque interpretamos las situaciones según nuestras creencias, construyendo nuestra propia realidad. Y muchas veces lo hacemos viendo a través de unas gafas empañadas o unas lentillas mal puestas.

Pero si tomamos conciencia de cómo nos afectan nuestras creencias y tenemos en cuenta que las demás personas ven el mundo de manera diferente, nos relajaremos y podremos comprender a los demás y mejorar nuestra comunicación y nuestras relaciones. Al abrirnos a la perspectiva de los demás, tendremos más posibilidades de ver el mundo de otro modo. Hay muchos árboles que tapan el bosque, pero siempre se pueden ir esquivando.

«No vemos las cosas tal como son, las vemos como somos nosotros.»

¡Despídete de los brazos flácidos!

La flacidez en los brazos es algo que nos preocupa a todas las mujeres. Ese momento en el que la piel de esa zona se deja vencer por la fuerza de la gravedad y comienza a quedarse colgandera. Tranquila, tiene remedio. Las pesas sueltas, al igual que las mancuernas y los discos, fortalecen esos músculos.

Eso o hacer mudanza todos los días.

Dóblate ligeramente hacia delante y sostén una pesa en cada mano. Lleva los brazos hacia atrás. Estíralos después hacia la cabeza y luego, cuidadosamente, pásalos por detrás de la cabeza. Si no tienes pesas, puedes utilizar un paquete de arroz o algún objeto que pese aproximadamente un kilo (no lo hagas con tu ordenador, por si acaso).

ARROZ

También puedes fortalecer tus brazos eficientemente sin usar mancuernas. Coloca las palmas en el suelo con las manos separadas unos 15 centímetros y las piernas estiradas. Apoyándote sobre las manos, levanta el tronco del suelo, sin levantar las piernas. Repite 10 veces.

Muchos ejercicios aeróbicos, ayudan, asimismo, a tonificar los brazos, como la natación o el tenis. Bailar también ayuda, sobre todo aquellos estilos que requieran levantar los brazos, como el flamenco o el zumba. Lo de hacerse selfies compulsivamente todavía no está demostrado que funcione.

Siéntete sexy

"El ser humano se siente mejor cuando es deseado y se siente atractivo."

Cuando tenemos la autoestima baja corremos el peligro de dejarnos vencer por la pereza y dejar de cuidarnos. Y de pronto te ves, con esa camiseta ancha de propaganda de la ferretería de tu barrio, tu moño deshecho y descolocado y espatarrada en el sofá mientras piensas: "Mira, soy Kate Winslet en *Titanic*, pero en mal". El estrés, o los problemas de ansiedad también pueden hacer que se reduzca el deseo sexual. Por eso:

Quiérete. Porque el secreto para sentirse atractiva es verse a una misma de tal modo.

Vence tus miedos. Probar cosas nuevas es como un chute de felicidad para el cerebro. Una experiencia nueva te ayudará a liberar endorfinas.

Relájate. Ya te hemos ido explicando a lo largo del libro que relajarse es básico para quererse. Desconecta de todo.

Ponte algo que te haga sentir atractiva. Si consiguen que te miren ellos, pero especialmente ellas, lo habrás conseguido.

Coquetea. ¿Hay algo mejor que un poco de tonteo para mejorar la autoestima? Sí, que el tonteo funcione. Ya sabes cómo se hace. Si sales de una relación no te preocupes, es como montar en bicicleta, nunca se olvida.

Deja de compararte con todo. Cuando nos ponemos a competir con nuestras amigas, compañeras de trabajo, desconocidas, con nuestra versión de hace diez años e incluso con Gisele Bündchen en biquini, entramos en un círculo vicioso de agonía y sufrimiento. Para mayor tortura, también existe la posibilidad de compararnos con cómo nos gustaría ser. No es en absoluto justo ni recomendable hacerlo: esa imagen está idealizada en extremo.

Tócate. Es otro aspecto fundamental para conocerte.

LA MALÉVOLA, A JUICIO

–¿De qué se me acusa, señoría?
–De recordarme siempre el ridículo que hago cuando hablo en público.

Ahora piensa, ¿cuáles serían los argumentos del abogado defensor de tu "maltratadora interior"?

–Hombre, mira lo roja que te pones y cómo titubeas… Mira cómo se te seca la boca.

¿Qué evidencias hay de que tu maltratadora está diciendo la verdad? Considera también lo que dirían los testigos acerca de ese pensamiento.

–Testigos: Pues nosotros no hemos percibido que te pongas nerviosa.

Como tú eres el juez haz un veredicto razonable. Si consideras que tu maltratadora interior es culpable, mándala unos días a prisión y sin fianza. El naranja seguro que le favorece.

RUTINA PARA ADELGAZAR

Este ejercicio que te proponemos dura una hora aproximadamente. Puedes hacerlo mientras ves un capítulo de una serie o mientras tu ordenador se reinicia (algunos tardan más de una hora). Allá vamos:

- SENTADILLAS (3 series / 10 repeticiones)

Ponte de pie con los pies en línea recta respecto a tus hombros. Empieza a bajar tu cadera como si fueras a sentarte en una silla. Al doblar las rodillas los muslos deben estar paralelos al suelo.

- FLEXIONES (3 series / 12 repeticiones)

Boca abajo, apoya las manos en el suelo, a la altura de los hombros y con las manos alineadas con respecto a estos. Ahora baja y sube el pecho manteniendo las piernas estiradas. (Te dejamos hacer "trampa" apoyando las rodillas.)

- ZANCADAS (2 series / 14 repeticiones)

Mantén una posición de semicuclillas con tus manos en la cadera, y adelanta alternativamente una y otra pierna. La pierna adelantada nunca debe superar el ángulo de 90 grados y el talón del pie de dicha pierna no debe despegarse del suelo.

- FONDOS DE TRÍCEPS (3 series / 12 repeticiones)

Para este ejercicio se necesita la ayuda de una silla o un banco. Debes colocar las manos en este y distanciar los pies para bajar la cadera flexionando los codos.

- ELEVACIONES LATERALES DE BRAZOS (3 series / 15 repeticiones)

Con una mancuerna en cada mano, mantente recta y levanta los brazos lateralmente. Si no tienes mancuernas, basta con unas botellas, unas bolsas o cualquier otro peso.

- ABDOMINALES (2 series / 20 repeticiones)

Túmbate en el suelo boca arriba, coloca las manos detrás de la cabeza, eleva las rodillas e imita el pedaleo de una bicicleta. Toca la rodilla izquierda con el codo derecho, y luego la derecha con el izquierdo.

- ESTIRAMIENTOS

Después de completar los ejercicios, que puedes realizar en cualquier orden, es recomendable incorporar otra tanda de ejercicio aeróbico, imprescindible si quieres perder peso. Y no olvidar estirar. Acabarás más relajada y evitarás lesiones.

Suelen decir que las mujeres vamos siempre juntas al baño. Los problemas también lo hacen, y cogidos de la mano. Es el primer mandamiento de la ley de Murphy: cuando crees que nada puede ir a peor, tú tranquila, que irá. Y tanto que irá.

Muchos problemas no se pueden cambiar, pero sí hay algo que puedes intentar mejorar: tu manera de enfrentarte a ellos. La salud emocional es clave para una buena salud física y mental. Y estas actividades te ayudarán a conseguirla:

Disfruta de un masaje.

Lee un libro, mira una película o escucha ese disco que tienes pendiente. Lo que necesites para distraerte y relajarte.

Cocina. Descongelar no cuenta. Disfruta de ese momento de calma, concentración y creatividad que requiere preparar un plato, con una copita de vino.

Pasa tiempo al aire libre. Abrir la ventana del salón no cuenta.

Ten a mano aromas cítricos. Son estimulantes. También hay alimentos y bebidas que mejoran el estado de ánimo, como el chocolate, las frutas o el té verde.

Recarga adrenalina. Como ya te hemos comentado anteriormente las endorfinas generan sensación de placer y euforia. Así que un poco de deporte siempre mejora el ánimo.

Las afirmaciones positivas nos ayudan a desarrollar una actitud nueva y, claro está, más positiva. Nos las tenemos que repetir a nosotras mismas.

Superpositiva

¡Puede conseguir lo que se proponga!

¡Por lo pronto conseguiré levantarme con tiempo sin posponer la alarma siete veces!

Hay muchas cosas positivas a mi alrededor.

Tengo todo lo que necesito. Lo demás son caprichos sin los cuales podré sobrevivir.

Me lo merezco porque me lo estoy currando.

Lo voy a conseguir.

Puedo ir por la vida con la cabeza bien alta porque lo he intentado y he sido fiel a mis principios.

lo más importante: tengo salud.

Tengo claros mis objetivos y voy a alcanzarlos, aunque a veces corren más que un atleta olímpico.

Estoy orgullosa de mí y de lo que he conseguido, sin ayudas ni enchufes.

Soy una persona valiosa en el trabajo. Como algún día me vaya, lo de Troya se va a quedar corto.

SALUDO AL SOL

Un ejercicio circular con el que vas a estirar todo el cuerpo,

1. De pie, con las piernas juntas, une las palmas de las manos y haz una respiración profunda (llenando tu abdomen), dos o tres veces. Exhala.

11. Junta de nuevo los pies y estira las piernas, dobla ligeramente el torso y la cabeza hacia atrás. Exhala.

10. Levanta la espalda poco a poco, como si tuvieras una cuerda que tirase de tus hombros, hasta tenerla completamente recta. Junta las palmas de las manos y balancea el cuerpo hacia delante, estirando los brazos.

9. Baja las caderas y adelanta la rodilla derecha, hasta poner el pie entre las manos. Inspira.

8. Levanta la cadera hacia arriba, estirando tu espalda. Debes notar el estiramiento, sobre todo en la parte de las lumbares. Exhala.

7. Estira los brazos arqueando la espalda y la cabeza hacia atrás, sin levantar las piernas. Inspira.

ES EL EJERCICIO DE YOGA MÁS FAMOSO DEL MUNDO.

2. Inspira profundamente y al mismo tiempo estira tu espalda hacia atrás, levantando los brazos.

3. Al exhalar, adelanta los brazos y baja el cuerpo, sin doblar las piernas, hasta donde puedas. Si no puedes tocar el suelo con las manos, dobla ligeramente las rodillas.

recargar energía y liberar tensiones.

4. Dobla la rodilla izquierda y apoya tus manos en el suelo, llevando hacia atrás la pierna derecha. Inspira.

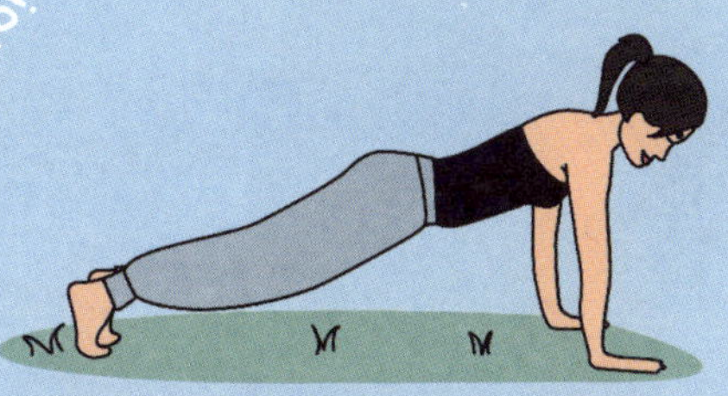

5. Luego lleva hacia atrás la pierna izquierda, quedando apoyada únicamente sobre tus manos y las puntas de tus pies, mientras retienes el aire.

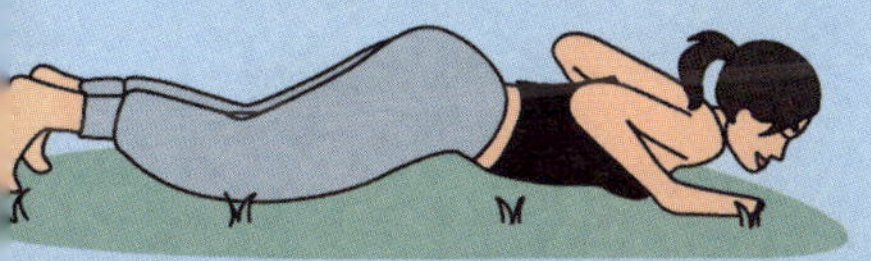

6. Exhala y baja el cuerpo hasta tocar el suelo.

AUTOMASAJE

Los beneficios de un masaje son innumerables. Entre otras cuestiones mejora la circulación de la sangre y el flujo de la linfa. Esto ayuda a que las células se oxigenen y a eliminar impurezas y sustancias tóxicas. De hecho se sabe que el masaje ayuda a aumentar los glóbulos rojos y blancos de la sangre.

El masaje también libera endorfinas, lo que nos otorga una sensación de bienestar y nos ayuda a combatir el dolor. Y es una buena forma de hacer frente al estrés. El masaje terapéutico ha probado ser efectivo como medio para aliviar dolores de cabeza causados por la tensión nerviosa y dolores musculares y de espalda, así como para mejorar la condición de la piel.

Cada día más, los médicos y otros profesionales de la salud recomiendan el masaje para aliviar problemas como sinusitis, artritis, alergias, cefaleas o lesiones deportivas.

Empezaremos por los pies: Con ambas manos, masajeamos desde los dedos hasta el talón o el tobillo. A continuación lo frotamos en el mismo sentido. Masajeamos también las zonas entre los dedos. Para terminar, amasamos todo el pie con ambas manos.

Tendón de Aquiles: Lo frotamos con los dedos pulgar e índice, de abajo hacia arriba.

Tobillo: Lo frotamos desde el tobillo hacia el tendón de Aquiles.

Pantorrilla: Colocamos las manos a ambos lados de la pierna y la frotamos de abajo arriba. Después la amasamos, como si fuera pan.

Muslo: En la cara interna usamos la mano contraria de la pierna que masajeamos y en la cara externa, la misma mano. Frotamos y después amasamos.

Glúteos: Nos ponemos de pie y apoyamos una rodilla sobre una silla o un banco. Masajeamos el glúteo de la pierna apoyada. Luego cambiamos.

Manos: Apoyamos el codo derecho sobre el muslo derecho. Frotamos los dedos, luego la palma y el dorso.

Antebrazo: Frotamos la parte anterior y posterior. Después amasamos, siempre hacia arriba.

Bíceps y tríceps: Con el codo apoyado en una mesa, frotamos, amasamos y presionamos.

Hombros: Sentada, con la mano contraria al lado que masajeamos.

Pecho: Puedes estar boca arriba o sentada. Empezamos por la parte inferior con la mano contraria, desde el centro hacia las costillas. Amasamos y frotamos.

Espalda: Sentados en un taburete con los brazos hacia atrás, frotamos la parte de las lumbares hasta la mitad de la espalda, o hasta donde lleguemos. Luego, con las manos por delante, masajeamos la parte superior de la espalda.

LA IMPORTANCIA DE ESTIMULAR NUESTROS SENTIDOS

• Los sentidos, como la economía, están para estimularlos.

• El olfato es el sentido más vinculado a los recuerdos. Un efluvio de su colonia puede removerte las entrañas. El olor del transporte público un día de verano te puede recordar que tenías que haber vuelto andando. Un dato curioso: si después de ver una película en el cine te preguntáramos por el argumento mientras sientes el olor de las palomitas, seguramente recordarías entre un 10 y un 50 % más de detalles.

• Se ha comprobado que los niños que disponen de aulas multisensoriales tienen mejores resultados escolares que los que carecen de ellas. Nuestra memoria funciona mejor con múltiples estímulos sensoriales.

• La capacidad de expresar y controlar nuestras emociones es importante, pero aún lo es más poder comprender e interpretar las de otras personas. Los psicólogos llaman a esta capacidad (la de percibir, controlar y entender las emociones) "inteligencia emocional".

Peter Salovey y John D. Mayer fueron los primeros en hablar de la inteligencia emocional en el año 1990. La definían como "la parte de la inteligencia social que requiere la capacidad de entender las emociones propias y ajenas para diferenciarlas y usar esta información a la hora de crear opiniones y de actuar". Salovey y Mayer propusieron una técnica para identificar cuatro factores diferentes de la inteligencia emocional:

1. PERCIBIR LAS EMOCIONES.

El primer paso para comprender las emociones es darse cuenta de ellas. Si no has percibido que alguien está mal, difícilmente podrás mover ficha.

2. RAZONAR CON LAS EMOCIONES.

El siguiente paso consiste en usar las emociones para mejorar el pensamiento. Las emociones nos ayudan a priorizar.

3. COMPRENDER LAS EMOCIONES.

Las emociones pueden tener significados muy dispares. Si una persona está enfadada, podemos imaginar muchos motivos. E incluso podemos llegar a comprender esos días en los que te levantas cruzada y ni tú misma sabes por qué estás enojada.

4. GESTIONAR LAS EMOCIONES.

Esta es la parte más importante de la inteligencia emocional. Consiste en aprender a responder a esas emociones. Se trata de comprenderlas, no de salir huyendo.

MINDFULNESS
(atención plena)

La atención plena o mindfulness es una antigua práctica budista que los científicos han reconocido como uno de los métodos más eficaces para combatir el estrés y la depresión. La técnica se basa en prestar atención al momento presente, sin juzgarlo ni quererlo cambiar, tomando conciencia de cosas cotidianas que, por lo general, pasan absolutamente desapercibidas. Es como el "yoga de la mente".

Recordando tiempos pasados ("Cómo echo de menos ser estudiante, cuando no tenía preocupaciones...", "Mira qué delgada estaba...") y pensando en lo que se nos viene encima ("Madre mía, ¡todo lo que tengo que hacer...! No me va a dar tiempo...", "¿Y si me echan del trabajo?"), a veces casi ni nos da tiempo de disfrutar o percibir el presente. Nos ponemos el "piloto automático" y hacemos cosas sin pensar realmente en lo que estamos haciendo.

Una forma sencilla de practicar la atención plena es "hacer haciendo". Por ejemplo, cuando comemos, lo que deberíamos practicar es el "comer comiendo". No "comer viendo la tele" o "comer subiendo fotos a redes sociales". Ahora comemos con tenedor, cuchillo y smartphone, que va a la derecha del plato. Y así con todo.

Sea cual sea la actividad, los pensamientos no dejarán de aparecer. Pensar es nuestro sino. Lo que sí podemos elegir es qué hacer con esos pensamientos. Si estás caminando o duchándote y aparecen, vuelve a concentrar tu atención en las manos, en el jabón, en la temperatura del agua... El pensamiento se esfumará.

Aromaterapia

El poder del olfato está conectado al sistema límbico, que es la parte del cerebro que controla las emociones. Y por eso el olfato está directamente relacionado con el bienestar (siempre que el olor sea adecuado). La aromaterapia es una técnica que utiliza esencias de plantas para estimular diferentes partes de nuestro cerebro a través del olfato. Te proponemos algunas:

AZAHAR

Genera vibraciones para un descanso reparador.

INCIENSO

Aleja las influencias negativas y alivia las preocupaciones.

EUCALIPTO

Es un poderoso antiséptico. De lo mejor si estás acatarrada. Un buen paseo por el bosque y respirarlo lo combate casi todo.

MENTA

Es un eficaz antiséptico, un intenso purificador y un regulador del metabolismo.

LAVANDA

Aleja las influencias negativas y alivia las preocupaciones.

NARANJA

Estimula la inspiración y el sentido de la intuición.

ROMERO

Es un poderoso antiséptico para el aparato respiratorio. Incentiva la memoria, despeja la mente y alivia el cansancio.

10 COSAS QUE NUNCA DEBES

1. Aún no estoy preparada. "Vas a cagarla", "Te va a salir mal"...
2. Tengo que hacer lo que los demás esperan de mí.
3. Lo que los demás dicen de mí es importante.
4. Para sentirme valorada necesito el reconocimiento de los demás
5. Se me ha pasado el arroz.
6. Necesito tenerlo todo planeado.
7. No tengo suficiente...
8. La vida es muy complicada.
9. No puedo perdonar.
10. Estoy sola.

DECIRTE A TI MISMA

No tengas miedo de darte una oportunidad.
Si crees en ti misma tienes mucho ganado.

¿Aunque sea lo opuesto de lo que tú quieres? Es tu vida. No formas parte de *El show de Truman*. Sé tu guionista y tu protagonista.

Si te alejas de las personas negativas y te olvidas de sus críticas, dejarán de importunarte.

Apunta esta palabra: "integridad". Consiste en hacer lo correcto aunque nadie sepa que lo estás haciendo.

Tranquila, puedes hacer pasta, pedir comida a domicilio, repetir el arroz, quedarte sin comer... Cualquier opción es válida.

Como dijo Antonio Machado, "Caminante no hay camino, se hace camino al andar". Deja de planificar toda tu vida a corto y a largo plazo. No tengas miedo ni de equivocarte ni de disfrutar de lo que viene de improviso.

"Necesito más ropa", "Necesito un móvil con más memoria", "No sé muy bien qué necesito, pero necesito necesitar algo". ¿De verdad no es suficiente con lo que tienes?

Es lo mismo que decir que "en verano hace calor". Pues claro que es complicada, si fuera un camino de rosas sería aburridísima. La vida es un desafío. Ríete de tus errores y aprende de ellos.

Perdonar significa que tú has hecho las paces contigo misma, con el dolor y con el sufrimiento. El proceso puede llevar más o menos tiempo pero todos estamos capacitados para hacerlo.

¿De verdad estás sola o simplemente no tienes pareja?

Si has llegado a casa con más tensión de la que pudiera haber en un ascensor en la que coincidieran a solas Brad Pitt y Jennifer Aniston, este ejercicio de relajación te va a ayudar a suprimir esa tensión muscular y mental, mediante sencillas técnicas y el control de nuestro propio pensamiento.

Puedes hacer este ejercicio sentada, de manera que tus piernas queden en ángulo recto y ligeramente separadas. Los antebrazos deben estar sobre los muslos y tu cabeza, descansando sobre tu pecho, bien relajada. También puedes hacerlo tumbada boca arriba, con las piernas ligeramente separadas y los brazos a lo largo del cuerpo o sobre tu pecho.

Escoge un lugar tranquilo y agradable, con luz cálida. Puedes poner música relajante si lo prefieres: lo importante es que te sientas cómoda. Ahora, cierra los ojos y respira profundamente. Mantén el aire cinco segundos y exhala lentamente.

A continuación fija tu mente en tu pierna derecha. Siente el calor de tu pierna, déjala completamente floja, cada vez más relajada. Repite el ejercicio con tu pierna izquierda, tu abdomen, tu pecho, tu espalda, tu cuello, hombros y nuca.

Ya tienes todo tu cuerpo relajado, así que disfruta de ese excepcional estado.

Tómate los minutos que necesites para recuperar el control sobre ti misma.

SEMANA 3

SEMANA 3

DÍA 1

Saca a jugar a tu niña interior.

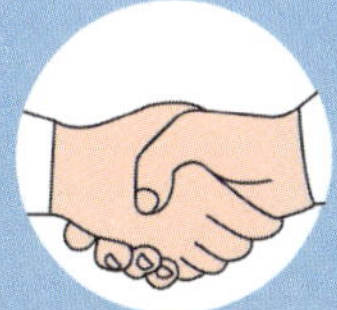

Por qué las relaciones son importantes.

DÍA 2

Te enseñamos qué es la defusión cognitiva.

RUN, FORREST, RUN!

Conoce "la regla del 80 %" para la longevidad.

DÍA 3

La imaginación es más importante que el conocimiento. Lo decía un tal Einstein.

¿Cuál es tu nivel de autoestima?

DÍA 4

Mente ocupada, mente no "preocupada".

¿Qué significa que juguetees a menudo con las manos?

DÍA 5

Hoy salimos a comernos el mundo #lunch #healthy

Las claves de la personalidad.

DÍA 6

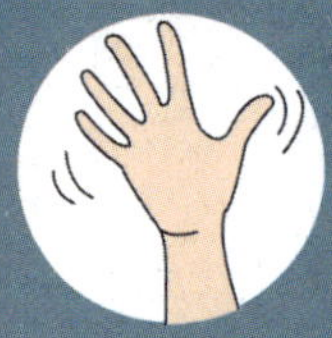

Vete despidiéndote de tus emociones negativas.

Kundalini yoga para la espalda.

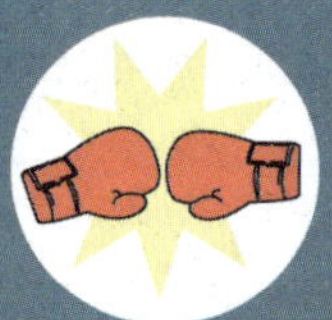

Las fases del duelo.

DÍA 7

¡ES HORA DE CELEBRAR!

No ha sido tan duro, ¿no?

TÓMATE UN RESPIRO

Ha pasado algo en el trabajo. Estás alterada y sientes que tus nervios van a estallar de un momento a otro, como cuando lanzan un fuego artificial al aire y esperas el momento del boom. Como si sobre tu cabeza fuese apareciendo un cartel gigante de RIESGO DE EXPLOSIÓN.

Pero esta vez, antes de reaccionar detente y piensa. ¿Estás alterada por un hecho o por una opinión?, ¿estás describiendo una situación o estás juzgando?, ¿es realista o quizá estás tirando un poco de imaginación?, ¿tal vez estés siendo un poco catastrofista o estés utilizando algún otro filtro mental?

A veces nos olvidamos de cuidar de nosotros mismos

y de lo que los terapeutas conocen como nuestro "niño interior", el que quiere jugar y reír, con naturalidad innata, pero también pide consuelo en los momentos difíciles. Nos olvidamos de estar por estar, vivir por vivir o descubrir. A nuestra "niña interior" la tenemos castigada sentada en un banco del parque mientras sus amigos están en los columpios.

WARNING RIESGO DE EXPLOSIÓN NO ACERCARSE MUERTE SEGURA

Hay adultos encerrados en el cuerpo de un niño interior y hay adultos que tienen encerrado a su niño interior. Las heridas emocionales que sufrimos cuando éramos pequeños también siguen ocultas y latentes en la personalidad del niño que llevamos dentro, y salen a la superficie muchas veces en forma de creencias, comportamientos, miedos y limitaciones de todo tipo. También el estrés puede hacerlas aflorar.

CONECTANDO CON LA NIÑA INTERIOR

(a veces está apagado o fuera de cobertura)

Llama a tu niña interior. Para ello vamos a visualizarla. ¿Cómo es la escena? ¿Qué aspecto tiene? ¿Qué edad tiene? ¿Qué estás haciendo? Establece una conversación imaginaria con ella. ¿Qué te dice? ¿Qué sentimientos te comunica? Trabaja con tu niña para liberar esas emociones que no han salido a la luz y verás cómo tu vida cambia para mejor.

No, no lo eres. Además, el juego puede mantenerte joven y saludable, ya que genera optimismo, busca la novedad, mejora el sistema inmunológico, estimula la empatía y promueve un sentido de pertenencia y comunidad. Cuando jugamos lo primero que buscamos es entretenimiento y diversión, pero muchas veces, incluso sin saberlo, estamos jugando por otros propósitos como aprender, crear, enfrentarnos a retos o pasar el tiempo.

¿Recuerdas a qué te gustaba jugar cuando eras pequeña?, ¿tienes por ahí ese Trivial con preguntas de la URSS y los Juegos Olímpicos de Los Ángeles 84?, ¿o ese viejo tablero de parchís con las casillas desgastadas?, ¿te siguen sirviendo esos patines de ruedas? También puedes establecer una nueva rutina al aire libre, tal vez un partido de tenis o de baloncesto con tus amigos. La niña interior siempre quiere jugar y tu yo adulto lo agradecerá.

LA IMPORTANCIA DE LAS RELACIONES

Uno de los peores errores que podemos cometer es encerrarnos en nosotros mismos y descuidar nuestras relaciones. O encerrarnos en nuestra relación de pareja y descuidar las relaciones con los demás. No te conviertas en la amiga rodríguez, la que solo llama o queda con el resto de sus conocidos cuando su pareja está fuera, y encima se pasa la velada mandándole mensajes. Recuerda que las personas y las relaciones que construyas con ellas dan sentido a tu ser.

DEFUSIÓN COGNITIVA

Toma nota:

La defusión es una técnica que permite ver los pensamientos y sentimientos por lo que son (pasajeros) en lugar de creer que son verdades absolutas.

¿QUÉ MÉTODOS SE SIGUEN PARA LOGRARLA?

- Ver la situación desde una perspectiva más amplia o preguntarte cómo lo verían los demás. Lo mismo que haces cuando quieres apreciar un cuadro en toda su plenitud: alejarse.

- Darte cuenta de lo que está pasando y cómo lo estás interpretando.

- Detectar los pensamientos que no te ayudan: recuerdos, malos hábitos, juicios u opiniones, una predicción...

- Practicar la atención plena o mindfulness, tal como te hemos enseñado. Te ayudará a centrarte en el presente.

¡CORRE!

Cuando el cuerpo sufre un ataque de estrés lo que te apetece es salir corriendo con los brazos por el aire mientras gritas: "¡ADIÓS, MUNDO CRUEL!". Aprovecha esa ira y canalízala corriendo sí, pero sin despedirte del mundo. Puede que no lo hayas hecho desde las clases de gimnasia del colegio, pero estás preparada para correr. Es gratis (salvo que te quieras hacer con todas las aplicaciones para smartphones o modelitos de ropa que salen a diario) y puedes hacerlo en casi cualquier parte.

La clave es empezar poco a poco e ir aumentando el ritmo y la rutina. Lo mejor es empezar caminando a buen ritmo durante cinco minutos. Después empezar a correr a un ritmo lento, que podamos sostener, durante cinco minutos más. Los siguientes cinco minutos volveremos a caminar. Y así hasta cubrir un tiempo de unos cuarenta y cinco minutos en total.

Para que la fuerza de impulso sea mayor, las rodillas deben estar semiflexionadas en el momento del impacto contra el terreno. No hay que estirar las piernas totalmente. Esto resulta fácil si el ritmo es lento. No hagas oscilar los brazos exageradamente, mantén las manos relajadas y con los pulgares hacia arriba.

¡Ah! Y puedes evitar las agujetas y las lesiones que están al acecho si estiras al finalizar el ejercicio.

VISUALIZACIÓN

Decía Albert Einstein que "la imaginación es más importante que el conocimiento". Las técnicas de visualización han sido utilizadas por muchas culturas tradicionales a lo largo de los siglos y, por supuesto, también se utilizan en la actualidad.

Los ejercicios de visualización combinan imágenes inducidas en nuestra mente con un estado de profunda relajación. Puede usarse para relajarse, meditar, preparar una prueba importante, aumentar la autoestima, clarificar la mente, mejorar el rendimiento o reducir el estrés. Todos podemos recrear situaciones reales en nuestra imaginación para sentir más confianza: "Mira cómo todos me aplauden después de mi ponencia. Va a ser un éxito".

EJERCICIOS DE VISUALIZACIÓN

• EMPIEZA SIEMPRE CON UNA RELAJACIÓN

Cierra los ojos y, mentalmente, recorre tu cuerpo. La visualización será más potente si utilizas todos tus sentidos para recrear la imagen que quieras ver: los olores, los sonidos, la temperatura… Imagina también todas estas cosas. Recuerda que visualizar es mucho más que "ver".

• CREA TU VISUALIZACIÓN DE CONFORT

Imagina un lugar en el que te sientas tranquila, en paz y segura. Puede ser el jardín de la casa de tus abuelos donde pasabas tus veranos. Puede ser su cama y tú sobre su pecho. O puedes ser tú en una hamaca de una playa desierta de Hawái con un daiquiri en la mano y alguien masajeándote los pies (puestos a visualizar…). Tú eliges.

Ahora imagina los olores, las sensaciones en tu piel, el tacto de la arena, el movimiento del aire, todo aquello que puedas evocar. Puedes quedarte ahí todo el tiempo que quieras o volver a la realidad. Y puedes volver siempre que lo necesites. El vuelo sale gratis y, además, tu imaginación no te cobra por llevar más de dos bultos.

GIMNASIA FACIAL

Cuando estamos tensos nos solemos centrar en la espalda u otras zonas del cuerpo pero a menudo nos olvidamos de la cara. Invertimos mucho tiempo en embellecerla pero a veces nos olvidamos de lo básico.

La gimnasia facial es una técnica para mejorar la belleza del rostro que también se usa como método terapéutico. Ayuda a combatir las cefaleas y a prevenir tensiones en la mandíbula, como el bruxismo, que es el rechinamiento involuntario de los dientes que se produce durante el sueño, debido al estrés y a la tensión.

Primero calienta, presionando ligeramente diez veces, los bordes de la cara, la parte inferior de los ojos y la zona del labio superior. Y empezamos con los deberes:

EJERCICIO 1

Si un tren sale de Barcelona a 100 kilómetros por hora... Tranquila, es broma, no te tenses más. Durante dos minutos presiona con los dedos los bordes de las orejas, incluyendo el lóbulo, y haz leves movimientos rotatorios para que tu organismo se estimule. Después rodea las orejas con las manos abiertas y empuja hacia delante. Repite diez veces este ejercicio. Después, durante dos minutos eleva las cejas hasta donde puedas y presiona la frente con las palmas de las manos. A continuación, coloca los dedos índice y corazón de una mano sobre el entrecejo y realiza movimientos suaves durante dos minutos más.

EJERCICIO 2

Repite diez veces este ejercicio. Proyecta los labios y la barbilla hacia fuera con ayuda de una presión con las palmas de las manos. Después coloca los dedos índice y corazón sobre las comisuras de los labios, aprieta fuerte y frúncelos como si fueras a darle un beso a alguien.

EJERCICIO 3

Estira el cuello todo lo que puedas y, con los hombros rectos y erguidos, intenta desplazar la mandíbula todo lo que puedas hacia delante. Puedes repetir este ejercicio hasta diez veces seguidas. Después coloca las palmas de las manos sobre la articulación de los maxilares y presiónala. Hazlo también diez veces. Vuelve a poner el cuello recto y los hombros alineados. Ahora deberás rotar la cabeza hacia atrás e intentar levantar la barbilla al máximo. Esta parte del ejercicio la deberás hacer diez veces.

¡AYER NO ME DABA NI UN 5, PERO HOY ME PONGO UN 8,5!

Muchas veces se convierte en nuestro "talón de Aquiles". Tan malo es pecar de exceso como de defecto en relación con la autoestima. Esta implica un conocimiento de uno mismo que, como la vida, no siempre es estable. Hay días que sientes que te vas a comer el mundo y otros en los que te parece que este te ha devorado.

Día a día vivimos nuevas experiencias que nos hacen sentir inseguridad o, por el contrario, nos llenan de energía. La autoestima casi siempre va de la mano de la ansiada aprobación externa, como si estuviésemos pasando constantemente un examen de selectividad ante el mundo.

Te invitamos a que hagas este test para saber cuál es el estado de tu autoestima en este momento:

SIEMPRE	4
CASI SIEMPRE	3
ALGUNAS VECES	2
NUNCA	1

TEST

	4	3	2	1
Bah, todo me da igual. Incluso este test				
Escucho las críticas y las acepto				
Me gustan los retos				
Si alguna cosa sale mal, algo tendré yo que ver				
Acepto los cambios				
Creo que errar es humano				
Me gusta hacer cosas nuevas				
Lo más importante es tener contentos a los demás				
No suelo equivocarme				
Felicito a los demás cuando consiguen alcanzar sus metas				
A veces disfruto cuando me entero de que los demás fracasan				
Me río de mí misma				
Me gusta la aventura				
Cuando me miro al espejo pienso: "¡Ole tú!".				
Soy alegre la mayor parte del tiempo				
No me asustan los desconocidos				
En general me gusta mi cuerpo				
Puedo estar sola sin riesgo de enloquecer				
Soy el centro de mi mundo				
No me cuesta hablar sobre mis sentimientos				
No me considero una persona tímida				
Las cosas salen bien gracias a mí				
Muchas personas dependen de mí				
Suelo gustar a los demás				
Todo me sale bien				
Me río de todo el mundo				
Igual suena prepotente, pero yo creo que soy perfecta				
TOTAL DE CADA COLUMNA				

TOTAL ______________________

Resultados

108-95

Tu autoestima tiene su propio campo gravitatorio y todo gira en torno a ella. Es posible que haya absorbido hasta aviones a su paso. Recuerda que nadie es perfecto, ni siquiera tú, y que a veces ser autocrítica es necesario para aprender.

94-45

Enhorabuena. En estos momentos disfrutas de un saludable nivel de autoestima, estás viviendo un momento positivo y mantienes la energía alta, aunque a veces tengas momentos de bajón, como es lógico. Reflexiona sobre qué te ha llevado a esta situación e intenta fomentar las actitudes positivas que has cultivado para conseguirlo.

44-0

Tu autoestima se encuentra "ausente" o "no disponible". Ni una cruzada de Indiana Jones la encontraría. Necesitas volver a activarla. Aquí no basta solo con apagar y encender el *router*. Las técnicas que aparecen en este libro también pueden serte de ayuda para recuperarla.

EL SECRETO DE LA LONGEVIDAD

Todavía no existe el elixir de la eterna juventud. Al menos que lo haya conseguido Elle Macpherson y no lo quiera compartir con el mundo. Pero la revista *National Geographic* publicó un estudio sobre las personas más longevas del mundo, a quienes se localizó principalmente en Cerdeña, Grecia, Costa Rica y Japón. Analizando sus hábitos llegaron a las siguientes conclusiones para conseguirla:

1. SEGUIR EL RITMO NATURAL DE LA VIDA.

Ninguna de esas personas llegaba tarde a todo lo que hacía, con carreras por los andenes del metro, ni tenía obligaciones autoimpuestas de más.

2. TENER UN PROPÓSITO EN LA VIDA.

Los habitantes de Okinawa lo llaman "Ikigai". Saber cuál es tu propósito puede aumentar tu esperanza de vida en siete años.

3. RELAJARSE.

Todo el mundo puede padecer estrés, pero la clave está en la manera de afrontarlo. Toma esa siesta, aprende a sacarle provecho.

4. LA REGLA DEL 80 %

Los japoneses siempre recuerdan que deben parar de comer cuando su estómago está al 80 % de su capacidad.

5. COMER VERDURAS Y LEGUMBRES.

La dieta de los centenarios es mayoritariamente vegetariana. Esto no quiere decir que no puedas comer carne, pero con moderación.

6. BEBER VINO.

Otro punto en común de las personas más longevas es que beben vino moderada y habitualmente. Chinchín.

7. SENTIRSE MIEMBRO DE UNA COMUNIDAD.

8. PRIORIZAR A LOS SERES QUERIDOS.

LOS ANCLAJES MENTALES

Hay olores que provocan emociones. El olor de la sopa puede recordarte a los cocidos de tu abuela los domingos de lluvia, o el olor de una colonia por la calle puede removerte las entrañas, un "huela vu". En sentido negativo esto también puede ocurrir: el olor de un hospital, el olor de la consulta del dentista (inserte música de terror), ese restaurante en el que cenaste con tu expareja, etc.

Imagínate el impacto que tendría ser capaz de crear estas asociaciones y usarlas a tu voluntad; evocar, por ejemplo, la sensación de seguridad cuando la necesites, o la de tener mucha energía cuando tienes que afrontar un día complicado. Esta técnica, desarrollada por la programación neurolingüística, se llama "anclaje mental".

Cuando estés en relajación profunda, rememora una situación del pasado en la que te sintieras realmente segura, confiada y fuerte. O piensa en una persona (real o de ficción) que tenga esas cualidades. Inventa una palabra que describa ese sentimiento positivo y que puedas utilizar para recordar ese sentimiento cada vez que lo necesites. Ahora concéntrate en esa palabra, mientras sigues fijándote en la imagen de tu visualización y en tus sensaciones.

Acabas de "anclar" la sensación de bienestar en tu mente. Ahora podrás invocarla siempre que quieras simplemente diciendo esa palabra, como cuando David Hasselhoff llamaba al coche fantástico.

RECUERDA QUE TE PROPONEMOS

EJERCICIOS, NO MILAGROS

Por favor, señor, haz que mañana me despierte buenorra.

No esperes realizar la rutina tres días y amanecer con un cuerpo escultural e incluso varios centímetros más alta. El truco está en ser perseverante y no desmotivarse. Si eres constante los resultados van a aparecer. Para ello debes seguir estos mandamientos:

I

Lo ideal es hacer treinta minutos de ejercicio cada día, pero si dedicas dos a la semana a una hora de ejercicio intenso, los resultados serán mucho más evidentes.

II

Sudar no es sinónimo de adelgazar. Cuando nuestro cuerpo está acostumbrado al ejercicio sudamos menos, pero eso no quiere decir que no se estén quemando calorías.

III

Si vas a hacer ejercicio intenso (como correr), antes debes comer algo con proteínas y nada de azúcar. Después se debe esperar una hora antes de comer, sin olvidarse de beber mucha agua.

IV

Si vas a tonificar solamente (como con los ejercicios de estiramiento, los abdominales o caminar despacio), antes debes comer algo con proteínas y carbohidratos; al acabar, tras dejar pasar media hora, debes comer lo mismo: así se recuperan los músculos.

"OCUPARSE"

PARA NO "PREOCUPARSE"

Dicen que cuando Thomas Edison inventó la bombilla, un periodista le preguntó: "¿Es cierto que fracasó dos mil veces antes de conseguir inventar la bombilla?". Edison respondió:

"No ha sido un error, no he fracasado ni una sola vez. Simplemente he necesitado dos mil pasos para llegar al resultado esperado".

Edison se centró en el resultado, no en las dificultades. Se "ocupó" en lugar de "preocuparse".

Cuando algo nos preocupa nos centramos en los inconvenientes de la situación (que en nuestra cabeza van aumentando como una plaga bíblica).

No tiene por qué ser malo hacer una previsión de posibles inconvenientes siempre y cuando nos centremos en "ocuparnos" de los resultados.

COMUNICACIÓN NO VERBAL

Nuestro cuerpo ofrece más información que un telediario o un grupo familiar de Whatsapp. El significado expresivo y comunicativo de nuestros movimientos es la tarjeta de presentación de nuestra personalidad.

Por ejemplo, en una entrevista de trabajo muchos gestos delatan nerviosismo; en una primera cita, un gran número de ellos delatan timidez o que estás deseando emprender una huida nada discreta. Ya lo decía Darwin en su libro *Las emociones en los hombres y en los animales*: la comunicación no verbal es una forma de supervivencia biológica.

Todo lo que se expone en la guía que te ofrecemos a continuación no es una verdad a pies juntillas. Igual que sucede con las palabras, los gestos van asociados a un momento concreto en el que suceden hechos puntuales.

MANOS:

Juguetear con las manos: Inseguridad en uno mismo.
Frotarse las manos: Impaciencia.
Mostrar las palmas de las manos mientras se habla: Sinceridad.
Tocar el brazo de nuestro interlocutor: Confianza en la relación.
Entrelazar los dedos: Autoridad.
Señalar con el dedo: Posición de dominio.
Saludar con la mano en vertical: Honestidad.
Juntar las yemas de los dedos: Máxima confianza en uno mismo (o haber visto mucho a Montgomery Burns).
Golpear con los dedos: Impaciencia.
Comerse las uñas (o las pieles, o lo que te pilles): Inseguridad.

CABEZA:

Asentir con la cabeza: Entendimiento y acuerdo.
Inclinar ligeramente la cabeza hacia delante: Muestra de interés en lo que se nos está diciendo.
Cabeza y mentón hacia abajo: Hostilidad.
Taparse la boca con el índice en la mejilla: Mentira.
Rascarse el cuello: Incertidumbre y duda.
La cabeza descansando sobre las manos: Aburrimiento.

POSICIÓN DEL CUERPO:

Con las manos cruzadas: Posición de defensa.
Cuando el cuerpo está destensado y suelto: Relajación.
Cuando el cuerpo se muestra muy suelto: Falsa relajación.
Brazos y piernas cruzados: Impedimos que nuestro interlocutor se introduzca en nuestras emociones.
Cuerpo frente a frente: Predisposición a la relación.
Con los dos pies apuntando hacia la persona con la que hablamos: Afinidad.
Con los dos pies apuntando a diferentes direcciones: Desinterés.
Agarrarnos un brazo: Expectación.
Las manos en las caderas: Buena predisposición.
Cruzar las piernas a la altura de los tobillos: Actitud intermedia entre la defensa y la confianza.

MIRADA:

Mirada fija un instante en los ojos del interlocutor: Cooperación.
Mirada fija durante varios segundos en los ojos del interlocutor: Desafío y prepotencia.
Parpadeo constante: Inquietud y nerviosismo.
Cuando se nos dilatan las pupilas: Muestra de elevado interés por algo.
Mirada sin parpadeo: Se busca la influencia y la sugestión.
Mirada hacia abajo: Incredulidad.
Mirada por debajo de la nariz: Denota cierto interés por la persona a la que miramos.
Ojos abiertos: Sorpresa.
Cerrar los ojos repetidas veces: Desaprobación.
Mirada de reojo: Complicidad y duda.

SONRISA:

Cuando sonreímos y se nos ve una pequeña parte de los dientes superiores: Confianza y reciprocidad.
Sonrisa poco expresiva: Síntoma de debilidad y falta de autoestima.
Sonrisa muy expresiva acompañada de cierre de los ojos: Felicidad y buenas vibraciones.
Cuando la sonrisa deja ver los dientes al completo: Alegría y placer.
Carcajada: Transmisión de felicidad en grupo.
Sonrisa con las cejas arqueadas hacia arriba: Interés.
Sonrisa falsa: Posiblemente estés posando para una foto.

CARA:

Apretarse la nariz: Incredulidad.
Acariciarse la barbilla: Síntoma de negatividad.
Ponerse las manos en las mejillas: Meditación.
Frotarse el ojo: Duda (o debes cambiarte las lentillas).
Tocarse muy ligeramente la nariz: Rechazo.
Juguetear con el cabello: Falta de confianza.

PREPÁRATE PARA TRIUNFAR

¿Tienes una entrevista de trabajo? Vamos a visualizarla y a predisponernos emocional y mentalmente para conseguir el puesto. Tienes que venderte mejor que ese comercial de una compañía telefónica que te llama a diario a la hora de la siesta. Piensa en el objetivo que quieres alcanzar, piensa en las dificultades que te pondrán, en tus respuestas... Incluso te puede servir preparar un guion sobre lo que dirás.

¡Encantada!

CHAKRAS

A menudo recurrimos a ellos en nuestros malos momentos: "La culpa es de los chakras, que los tengo bloqueados y no me sé el código PUK".
Pero ¿sabemos realmente lo que son los chakras? Los chakras son los siete centros de "energía" de nuestro cuerpo que están alineados en nuestra columna vertebral, empezando por el cóccix y terminando por la parte superior de la cabeza. Tienen la función de recibir, acumular, transformar o distribuir la energía de la vida o "prana".

Hoy vamos a hacer un ejercicio para trabajar dos de estos chakras. El primero será el chakra universal, el séptimo, que se encuentra en la parte superior de nuestra cabeza. El segundo será el quinto chakra, que se sitúa más o menos en las cervicales.

Antes de empezar, nos sentamos en una silla, con la espalda recta, la barbilla un poco inclinada hacia abajo y los ojos cerrados. Ahora imagina que, a través de la parte superior de la cabeza (la coronilla), entra un haz de luz violeta penetra hasta nuestro cerebro que, a medida que queda inundado de luz, va iluminándose.

Imagina a continuación que ese haz de luz desciende a través de tus vértebras cervicales y, a partir de ahí, se va extendiendo por todo tu cuerpo –los hombros, los brazos, las manos, los dedos, el tórax– hasta llegar a tus pies, mientras todo tu cuerpo se llena de energía.

LAS CLAVES DE LA PERSONALIDAD

¿Cuál es el vínculo entre la personalidad, las experiencias vitales y la estructura del cerebro? ¿Por qué los gemelos idénticos que crecen juntos en un entorno similar con hábitos parejos se convierten en individuos únicos?

Los científicos han descubierto recientemente que, incluso en un entorno idéntico, los ratones genéticamente iguales pueden crear hábitos diarios que dan forma a sus cerebros y moldean sus personalidades individuales. El 10 de mayo de 2013, el equipo de investigadores dirigido por Julia Freuden publicó este estudio titulado El surgimiento de la individualidad en ratones genéticamente idénticos. Demostraron que el cerebro adulto continúa creciendo con cada desafío y que estos cambios están directamente relacionados con el desarrollo de la personalidad y la conducta.

Por tanto, se confirmó así que existe un vínculo entre los desafíos cognitivos, la neurogénesis del cerebro adulto y el desarrollo de la individualidad. Cada uno de nosotros tiene la capacidad de cambiar la forma de su cerebro e influir en su propia individualidad por las decisiones cognitivas y conductuales que tomamos cada día. La neurogénesis y la neuroplasticidad nos dan la oportunidad de ¡EMPEZAR DE NUEVO CADA DÍA!

Técnicas para abrirse a los demás y establecer nuevos vínculos

1. ¡Da el primer paso!

Si es un extraño te resultará incómodo acercarte a hablarle al principio, pero no tiene por qué serlo en absoluto. Evita coletillas demasiado comunes como hablar del tiempo o de si va mucho por ese sitio.

2. Establece contacto visual.

Ojo, contacto visual, no intimidación (guarda esos prismáticos). Cuando miras a alguien a los ojos suele ser síntoma de confianza y, por lo general, confiamos más en las personas que nos miran directamente a los ojos.

3. Preséntate.

En primer lugar, porque es de buena educación, y además porque abre el camino para que los demás hagan lo mismo. Referirse a una persona por su nombre refuerza la confianza. También puedes preguntarle su nombre de manera casual: "Perdona, ¿cómo me has dicho que te llamas? ¡Ah, que no me lo habías dicho…! ¡Qué cabeza la mía!".

4. Evita los silencios incómodos.

No centres toda la conversación en ti. Hay otra persona hablando contigo. Y también tiene una vida.

5. Recuerda.

Especialmente su nombre. Pero si eres capaz de recordar algunos datos de la información que te han dado te lo agradecerán la próxima vez que hables con ellos.

6. Haz cumplidos.

"¡Qué guapo eres!" "¿Te he dicho que me gusta mucho tu pelo?" "¡Tienes unos hombros preciosos!" "¡Y qué rodillas más bien formadas tienes!"... Así no. Intenta que sean naturales y no hacer cumplidos al azar o se darán cuenta de que estás desesperada por agradarlos.

7. Confía en ti misma.

Si no tienes confianza en ti misma es muy posible que los demás se percaten de ello.

8. Sé amable.

Mostrarse amable tiene especial importancia.

EJERCICIOS DE KUNDALINI YOGA PARA LA ESPALDA

El yoga kundalini es una variante de esa tradición ancestral que centra su atención en la respiración, aumentando o reduciendo el ritmo para controlar la energía de nuestro cuerpo. Tiene muy en cuenta los chakras que conociste el viernes de esta misma semana del calendario.

ROTAR LA PELVIS

Siéntate con las piernas cruzadas. Coloca tus manos sobre las rodillas. Rota la pelvis circularmente y con vigor. Haz que sea un movimiento oscilante, dos veces en una dirección y dos en la contraria. Repite diez veces.

FLEXIONES DE LA COLUMNA

Ahora sujeta tus tobillos con las manos. A medida que inhalas con fuerza, flexionas la columna hacia delante, manteniendo los hombros relajados y la cabeza recta. No muevas la cabeza hacia arriba ni hacia abajo. Exhala y relaja la columna tirándola hacia atrás. Continúa con una respiración profunda y rítmica. A medida que inhalas intenta sentir la energía bajando por la columna. A medida que exhalas intenta sentir la energía subiendo hasta la cabeza. Repite durante tres minutos. Cuando termines, inhala profundamente y contén la respiración.

FLEXIONES DE COLUMNA SOBRE LOS TALONES

Siéntate sobre los talones y coloca las palmas de las manos sobre los muslos. Haz el mismo movimiento que en el ejercicio anterior, pero ahora respirando fuertemente y con rapidez, durante uno o dos minutos. Para terminar, rotaciones con la cabeza, a derecha e izquierda; por último, sube y baja los hombros, siguiendo el ritmo de tu respiración.

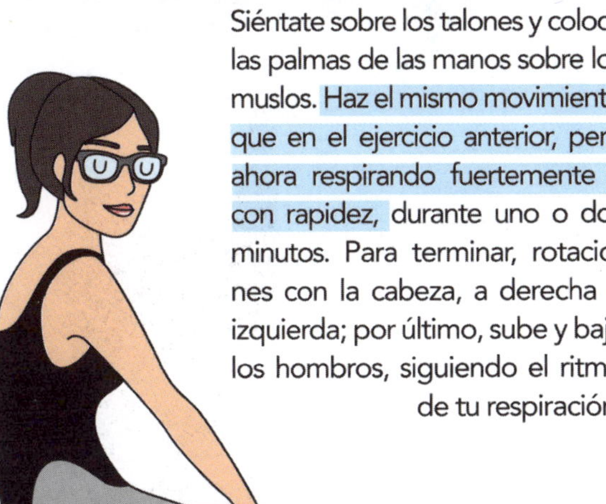

DAR ESPACIO AL DUELO

El duelo es la respuesta natural a una pérdida. Cuanto mayor sea la pérdida, más intenso será. Puede aparecer cuando fallece un ser querido (la principal causa de duelo), pero también si sufrimos algún otro tipo de pérdida, como la que supone el fin de una relación sentimental, una enfermedad (propia o de un ser querido), ser despedido del trabajo, un aborto, la muerte de una mascota o quedarse sin hogar. A veces también sentimos un pequeño duelo por pequeñas pérdidas o cambios en nuestra vida: una mudanza, un traslado de residencia a otro país o un trabajo nuevo.

Cada uno vive el duelo a su manera

El duelo es una experiencia personal y su proceso lleva su tiempo, y se va superando gradualmente. No podemos forzarlo ni acelerarlo y no existe ningún estudio que diga cuánto tiempo debe durar un duelo para ser normal. Sea cual sea nuestra experiencia del duelo, es importante tener paciencia y respetarnos a nosotros mismos.

El sufrimiento pasará antes si no piensas en ello.

Hay que mirarlo a la cara y enfrentarse a él.

Es importante ser "fuerte".

Estar triste, asustado o sentirse solo es una reacción normal ante una pérdida. Llorar no significa que seas débil.

Si no lloras, significa que no te importa la pérdida.

Hay muchas maneras de sentir la tristeza.

El duelo dura un año.

No se puede medir la duración del duelo. Cada persona lo vive de forma diferente.

En 1969, la psiquiatra Elisabeth Kübler-Ross hizo públicas las llamadas

"CINCO FASES DEL DUELO"

Si estás atravesando alguna de estas fases después de haber sufrido una pérdida, quizá te sirva saber que tu reacción es natural, y que pasará cuando deba hacerlo. Pero las fases del duelo no son un esquema rígido y, contrariamente a lo que se suele creer, no hace falta pasar por cada una de ellas para sentirse mejor. De hecho, algunas personas superan su duelo sin pasar por ninguna de estas fases. Así que no te preocupes por lo que "deberías" estar sintiendo después de una pérdida. En palabras de la Dra. Kübler-Ross: "Nuestro duelo es tan único y personal como nuestras propias vidas".

DÍA 21

DOMINGO

¡¡BIENVENIDA AL FINAL DEL CALENDARIO!!

Por favor, permanezca con el cinturón abrochado hasta que nos hayamos detenido por completo. No olvide sus objetos personales. Queremos darle las gracias por confiar en nosotras. Recuerde que puede volver a leernos tantas veces como necesite. ¡AHORA ES EL MOMENTO DE CELEBRAR!

TERMINAMOS... Y AHORA ¿QUÉ?

Ahora toca practicar las técnicas que hemos reunido a lo largo del libro y, sobre todo, comprender que los pensamientos negativos que aparecen en los momentos de estrés o bajón no son hechos, son malos hábitos de tu pensamiento. Para eso recuerda que tienes que conocerte a ti misma, ser consciente de la importancia de las relaciones y de la actitud a la hora de enfrentarte a los problemas, así como de aprender a visualizar metas y objetivos. Ojalá tuviésemos una escotilla de escape que nos llevase directos a una isla desierta en determinadas situaciones, pero, ante la ausencia de una, la mejor salida de emergencia es tu propia mente.

Si sigues practicando, dentro de un tiempo serás capaz de "cazar al vuelo" tus pensamientos y reacciones negativas, te darás cuenta de cómo estás actuando y el significado que le das a esas situaciones. De una manera natural, sin esfuerzo, cuestionarás esos pensamientos y empezarás a ver las cosas de otro modo, más en perspectiva.

Del "¡¡POR QUÉ TODO ME SALE MAL EN LA VIDA!!" pasarás al "¡Vaya semanita llevo...!", y de ahí al "Pues he tenido un día terrible, pero, oye, un mal día lo tiene cualquiera". Y el optimismo repercutirá en tu salud y tu estado de ánimo, al igual que en los de los que te rodean.

Así que cuando tu malévola interior te asalte con un comentario, juicio, opinión o emoción que te amargue la vida, tíralos a la basura.

Y recuerda que, al contrario de lo que se hace con el plástico y el vidrio, los pensamientos negativos nunca deben reciclarse.

Bibliografía

Brizendine, Louann, *El cerebro femenino*, RBA, Barcelona, 2010.

Casafont, Rosa, *Viaje a tu cerebro*, Ediciones B, Barcelona, 2013.

Ellis, Albert, *Cómo controlar la ansiedad antes de que ella le controle a usted*, Paidós, Barcelona, 2013.

—, *Usted puede ser feliz*, Paidós, Barcelona, 2014.

Frankl, Viktor, *El hombre en busca de sentido*, Herder, Barcelona, 2011.

Goleman, Daniel, *Inteligencia emocional*, Kairós, Barcelona, 2000.

—, *Focus*, Kairós, Barcelona, 2013.

Jáuregui, Eduardo, *Conversaciones con mi gata*, Ediciones B, Barcelona, 2013.

Kübler-Ross, Elisabeth, *La rueda de la vida*, Ediciones B, Barcelona, 2006.

Santandreu, Rafael, *El arte de no amargarse la vida*, Ediciones Oniro, Barcelona, 2012.

Seligman, Martin, *La auténtica felicidad*, Zeta, Barcelona, 2011.

Simón Merchán, Vicente, *Aprender a practicar mindfulness*, Sello Editorial, Barcelona, 2011.